Katharina Dang

Wie geht's weiter?

Katharina Dang

Wie geht's weiter?

Predigten aus Berlin-Marzahn

Fromm Verlag

Cover image: www.ingimage.com

Publisher:
Fromm Verlag
is a trademark of
Dodo Books Indian Ocean Ltd. and OmniScriptum S.R.L publishing group

120 High Road, East Finchley, London, N2 9ED, United Kingdom
Str. Armeneasca 28/1, office 1, Chisinau MD-2012, Republic of Moldova, Europe
Managing Directors: Ieva Konstantinova, Victoria Ursu
info@omniscriptum.com

Printed at: see last page
ISBN: 978-3-8416-0279-4

Inhaltsverzeichnis

- **Ein riesiger Bogen bis hin zu mir** – *Predigt zu 2. Korinther 4,6-10* 3
- **2030 – ein Jahr der Jubiläen?** – *Predigt zu Apostelgeschichte 2,1-18* 8
- **Gott ist nicht zu fassen** – *Predigt zu 1. Könige 8,22-29* 12
- **Unser Zeitempfinden** – *Predigt zu Römer 11,6-11* 16
- **Eine kurze Zeit** – *Predigt zu Johannes 16,16-23a* 19
- **Gerüstet sein für das, was kommt** – *Predigt zu Epheser 6,10-17* 24
- **Kosmos und Chaos** – *Predigt zu Johannes 3,16* 30
- **Böses mit Gutem überwinden** – *Predigt zu Römerbrief 12,21* 34
- **Der Spannungsbogen einer Lebensgeschichte** – *Predigt zu 1. Mose 50,15-21* 38
- **Der Erlöser – unser Auslöser** – *Predigt zu Jesaja 63,15ff* 44
- **Ist die Auferstehung notwendig?** – *Predigt zu 1. Korinther 15,12-21* 49
- **Advent als Zeit der Umkehr** – *Predigt zu Jakobus 5,7-8* 54
- **Gottesliebe und die Liebe zu den Geschwistern** – *Predigt zu 1. Johannes 4,7-12* 57

Ein riesiger Bogen bis hin zu mir

Predigt zum 2. Korintherbrief 4,6 – 10:

Denn der Gott, der gesagt hat: „Aus der Finsternis soll Licht aufstrahlen", er ist es, der es hat aufstrahlen lassen in unseren Herzen, so dass die Erkenntnis aufleuchtet, die Erkenntnis der Herrlichkeit Gottes auf dem Angesicht Jesu Christi. Wir haben diesen Schatz aber in irdenen Gefäßen, damit die Überfülle der Kraft Gott gehört und nicht von uns stammt. In allem sind wir bedrängt, aber nicht in die Enge getrieben, ratlos, aber nicht er-zweifelt, verfolgt, aber nicht verlassen, zu Boden geworfen, aber nicht am Boden zerstört. Allezeit tragen wir das Sterben Jesu an unserem Leib, damit auch das Leben Jesu an unserem Leib offenbar werde.[1]

„Religion ist eine wichtige Irritation, die die Menschen aus dem Alltäglichen herausreißen kann."[2]

Liebe Gemeinde,

„Mir ist ein Licht aufgegangen.", das hat sicher jeder von uns schon mal erlebt und gesagt. Da ist ein Problem, eine knifflige Aufgabe – ich überlege und überlege, betrachte es von dieser und von anderen Seiten und finde keine Lösung. Die Sache bleibt ein Rätsel, seltsam, unstimmig – und dann plötzlich – manchmal vielleicht mitten in der Nacht – wird man wach und hat die Lösung.

Die Gehirnforscher können das erklären, aber wie die Lösung auch immer lautet, es ist einfach schön, wenn einem ein Licht aufgeht. Es erfüllt uns so mit Freude, dass wir das am liebsten gleich weitererzählen und andere an unserer Freude Anteil nehmen lassen.

Von so einem Licht, dass in unserem Herzen aufgeht, redet der Apostel Paulus im 1. Vers unseres heutigen Predigttextes:

„Denn der Gott, der gesagt hat: „Aus der Finsternis soll Licht aufstrahlen", er ist es, der es hat aufstrahlen lassen in unseren Herzen, so dass die Erkenntnis aufleuchtet, die Erkenntnis der Herrlichkeit Gottes auf dem Angesicht Jesu Christi."

1 Übersetzung der Züricher Bibel (2007)

2 Lütz, Manfred: Irre. Wir behandeln die Falschen. Unser Problem sind die Normalen. Heitere Seelenkunde. Gütersloh 2009[4], S. 22.

In diesem einen Satz wird ein riesiger Bogen gespannt, wie er nicht größer sein kann. Es wird an den Anfang der Schöpfung erinnert, wie sie auf der ersten Seite der Heiligen Schrift beschrieben ist: „Gott sprach: ‚Es werde Licht!' und es ward Licht." Und dann wird von demselben Gott im selben Atemzug gesagt, dass er es in unseren Herzen hat aufstrahlen lassen.

Wie schön sind die Worte, die Paulus hier benutzt, wie poetisch drückt er sich aus! Ganz anders wir heute. Schon in der 5. Klasse lernen die Kinder in der Schule, dass alles mit dem „Urknall" begann. Das Wort „Knall" benutzen wir für Krach. „Knallerei" – die wird Silvester veranstaltet. Menschen, die es positiv ausdrücken, sprechen stattdessen von einem Feuerwerk, dass sie sich anschauen. Noch negativer ist die Bedeutung des Wortes, wenn wir sagen: „Es hat mal wieder geknallt." Dann ist ein Unfall passiert oder es gab einen heftigen Zusammenstoß in der Familie. Mit so einem Wort sind wir also heute gewohnt, den Beginn der Entwicklung hin zu uns Menschen zu bezeichnen.

Warum reden wir so negativ? Vielleicht, weil wir Menschen selbst uns nur noch unter negativem Aspekt sehen können? Wir Menschen haben uns selbst zur Ware gemacht. „Wir müssen uns gut verkaufen", soll aus uns etwas werden. Wir rechnen uns vor, wie teuer wir sind – nicht wie lieb und teuer, sondern wie viel Euro wir so im Monat benötigen, um unseren Lebensunterhalt zu bestreiten. Kosten sind aber etwas Negatives und am besten zu reduzieren.

Wenn wir Menschen uns selbst aber als so unwürdig sehen, ist es kein Wunder, dass wir den Beginn unserer Welt auch im Großen nur als einen Knall beschreiben und denken können, als ein Knall, bei dem etwas explodiert und kaputt geht und ganz viel in die Luft fliegt.

Wie ganz anders redet Paulus: *„Denn der Gott, der gesagt hat: Aus der Finsternis soll Licht aufstrahlen, er ist es, der es hat aufstrahlen lassen in unseren Herzen, so dass die Erkenntnis aufleuchtet, die Erkenntnis der Herrlichkeit Gottes auf dem Angesicht Jesu Christi."* Er sieht einen Zusammenhang zwischen dem allerersten Tag der Schöpfung und sich selbst und den Christen in Korinth, denen er das schrieb.

Und jeder Sonntag, als erster Tag der Woche, soll uns dies wieder bewusst machen: Am Anfang entsteht/entstand aus der Finsternis Licht und durch Jesu Auferstehung am ersten Tag der Woche ist es möglich geworden, dass dieses Licht auch unsere dunklen Herzen hell und freundlich macht, „ so dass wir erleuchtet wurden durch die Erkenntnis (von) der Herrlichkeit Gottes auf dem Antlitz Christi."

Das ist das Licht, das Paulus und den anderen aufgegangen war: Dieser Jesus aus Nazareth, der war nicht nur ein kluger Mann, der war auch nicht nur ein Wunderheiler, nicht nur ein politisch Unbequemer, der sich mit den Herrschenden anlegte und vieles andere mehr, sondern er war Gott! Gott selbst hat sich in ihm offenbart und das Geheimnis seiner Liebe zu uns Menschen offengelegt.

Diese wunderbare Erkenntnis macht Menschen so glücklich, dass sie es unbedingt weitererzählen wollen – bis heute! „Wem das Herz voll ist, dem läuft der Mund über", sagt ein Sprichwort. So spricht Paulus von der überquellenden Kraft Gottes im nächsten Satz:„Wir haben diesen Schatz aber in irdenen Gefäßen, damit die überquellende Kraft Gottes als Gottes Kraft erkennbar sei und nicht aus uns."

Wir bleiben Menschen, auch wenn wir Gott unser Herz öffnen und ihn in uns wohnen lassen. Die Erkenntnis der Gottheit Jesu – sie macht uns froh und stark, aber sie ist nicht ein Besitz von uns, der fortan zu uns gehört und ein Teil von uns ist. Paulus beschreibt seine Situation als Christ im folgenden so:
„In allem sind wir bedrängt, aber nicht in die Enge getrieben, ratlos, aber nicht verzweifelt, verfolgt, aber nicht verlassen, zu Boden geworfen, aber nicht am Boden zerstört. Allezeit tragen wir das Sterben Jesu an unserem Leib, damit auch das Leben Jesu an unserem Leib offenbar werde." [1]

„Allzeit tragen wir das Sterben Jesu an unserem Leib herum" – wir würden heute sagen: „Ich bin krank, die Kräfte sind weniger geworden. Ich schaffe nicht mehr so viel wie früher. Tut der Rücken weh und ich gehe damit zum Arzt, wird mir gesagt: Das ist Abnutzung!"

Was für ein Menschenbild steckt hinter dieser Sprache? Wir Menschen bestehen aus Einzelteilen, die wie eine normale Maschine beim Gebrauch Verschleiß-Erscheinungen haben und deshalb nach gewisser Zeit ausgewechselt werden müssen.

Paulus dagegen sieht alle Menschen als gleich gestaltet dem Sterben Jesu. Das hieß Schmerzen, starke Schmerzen, Spott, Durst, Zweifel und Verlassenheit. Aber dabei bleibt es nicht. Sofort im selben Atemzug sagt er das Ziel, den Zweck, den das hat: „damit auch das Leben Jesu an unserem Leib offenbar werde."

Trotz unserer offensichtlichen körperlichen Schwachheit sind wir stark, wenn uns ein Licht über Jesus aufgegangen ist. Da werden wir zwar bedrängt, aber nicht in

1 Übersetzung der Züricher Bibel (2007)

die Enge getrieben. Wir haben Zweifel, aber verzweifeln nicht. Wir werden verfolgt, aber nicht ausgeschlossen aus der Gemeinschaft. Wir werden zu Boden geworfen, aber nicht zerstört / nicht getötet.

Jesus gibt uns nicht nur Teil am ewigen Leben nach unserem Abschied aus diesem Leben. Er erweist schon jetzt seine Kraft in uns, so dass wir uns nicht unterkriegen lassen, egal, was im Leben passiert. Wir wissen, unser alter Leib muss sterben, wie Jesus gestorben ist. In unserem Lied „Herr Christ, der einig Gotts Sohn"" hieß es in der 5. Strophe: „Den alten Menschen kränke, dass der neu‘ leben mag / und hier auf dieser Erden / den Sinn und alls Begehren / und G'danken hab zu dir.“ [2]

Wer von uns denkt so, wenn wir älter und älter werden und die Krankheiten sich ansammeln, die wir mit Sicherheit nicht mehr ganz loswerden, wenn wir sie einmal haben? Wer von uns denkt dann daran, dass dies so sein muss, damit der neue Mensch in uns Gestalt gewinnt, der der Auferstehung Jesu gleich gestaltet ist?

Elisabeth Cruciger war 19 Jahre alt, als sie dies dichtete. Auch sie schlägt in ihrem Lied einen ganz weiten Bogen – vom Morgenstern, der am Himmel heller leuchtet als alle anderen Sterne ringsum, zu ihrem eigenen Herzen. „Süßigkeit“ schmeckt sie, Durst hat sie nach ihm, nach dem Herrn Christ, der „für uns ein Mensch geboren, den Tod für uns zerbrochen, den Himmel aufgeschlossen, das Leben wiederbracht“. Sie wünscht sich: „Lass uns in deiner Liebe und Kenntnis nehmen zu.“ Es ist kein kaltes Erkennen und Wissen, um dass es geht. Die Erkenntnis Gottes ist immer mit Liebe verbunden. Sie macht das Herz warm.

Licht – Leben – Liebe – diese Worte gehören zusammen.

Ihr Gegensatz sind Finsternis – Tod – Hass.

Gott wandelt Finsternis in Licht, Tod in Leben und Hass in Liebe.

Für dies letztere ist Paulus selbst ein Beispiel, der von einem Verfolger Jesu zu dem glühenden Verkünder seiner Liebe wurde.Liebe ist immer Ausdruck einer Beziehung zu einem anderen.Hass ist die Zerstörung und Ablehnung einer Beziehung. Doch die Liebe ist stärker.

Wenn ich nur das annehme, was uns heute hier gesagt wird, und diesen großen Bogen mitzudenken wage, den Paulus hier schlägt vom Anfang der Schöpfung hin zu meinem Herzen, und von dort den Blick richte auf das Angesicht Christi, auf dem ich die Herrlichkeit Gottes erkenne!

---

2 Evangelisches Gesangbuch, Berlin/Leipzig 1993, Nr. 67, Text von Elisabeth Cruciger 1524.

Wollen wir diese Zeitreise mal in unseren Gedanken versuchen? Oder bleiben wir doch lieber als aufgeklärte Menschen bei dem, was unsere Kinder in der Schule lernen: Urknall, Entstehung unseres Sonnensystems, der Erde, erste Mikroben → Dinosaurier → Affen → Urmenschen → Jäger und Sammler → hin zum Jetztmenschen?

Innerlich stark machen uns diese modernen Vorstellungen nicht. Eher dienen sie uns als Rechtfertigung, wenn wir uns heute so benehmen, wie unsere Vorfahren aus dem Tierreich. Und das Wissen um das Aussterben der Dinosaurier dient dazu, schon Kindern die Vorstellung vom Untergang unserer Menschenwelt vor Augen zu führen – mit all den dabei vorstellbaren apokalyptischen Katastrophen – wie in den beliebten Kinoserien von Little Food und seinen Freunden.

Sicher, es geht auch in diesen Serien um Werte wie Freundschaft, Liebe, Achtung der Großeltern und manches mehr. Auch jede Menge Verfolgungsjagden werden uns auf dem Bildschirm vorgeführt. Gekämpft, auf den Boden geworfen wird jede Menge – und am Ende sind doch alle Freunde noch am Leben. So kann ein solcher Film auch Kindern Mut machen zu kämpfen und nicht aufzugeben, auch wenn sie kleiner als die anderen sind. Aber sie wissen doch schon ziemlich bald zu unterscheiden zwischen Film und Wirklichkeit, Phantasie und Wahrheit.

Das ist der Unterschied zu dem, was Paulus schreibt, und zu dem, was Elisabeth Cruciger fast 1.500 Jahre später so ganz ähnlich erlebt hat und besingt. Sie beide lassen nicht ihrer Fantasie freien Lauf, sondern beschreiben, was sie selbst in ihrem Herzen fühlen, was sie selbst erlebt haben und was sie für hundertprozentig gewiss und wahr halten: Auf dem Angesicht Christi ist die Herrlichkeit Gottes zu sehen!

Dieser Glanz macht unsere Herzen hell und zeigt unserem Verstand die Lösung: Das, was unser All zusammenhält, und das, was meinem Leben Sinn und Wärme gibt, ist ein und derselbe: Gott, der Vater Jesu Christi! Er schenke uns, dass auch wir diesen großen Bogen mitdenken können, und diese Wahrheit uns so begeistert, dass sie auch unsere Worte prägt. Amen.

24. Januar 2010

2030 – Ein Jahr der Jubiläen?

Predigt am Pfingstsonntag über Apostelgeschichte 2,1-18:

Als nun die Zeit erfüllt und der Tag des Pfingstfestes gekommen war, waren sie alle beisammen an einem Ort. Da entstand auf einmal vom Himmel her ein Brausen, wie wenn ein heftiger Sturm daher fährt, und erfüllte das ganze Haus, in dem sie saßen; und es erschienen ihnen Zungen wie von Feuer, die sich zerteilten, und auf jeden von ihnen ließ eine sich nieder. Und sie wurden alle erfüllt von heiligem Geist und begannen, in fremden Sprachen zu reden, wie der Geist es ihnen eingab.

In Jerusalem aber wohnten Juden, fromme Männer aus allen Völkern unter dem Himmel. Als nun jenes Tosen entstand, strömte die Menge zusammen, und sie waren verstört, denn jeder hörte sie in seiner Sprache reden. Sie waren fassungslos und sagten völlig verwundert:

„Sind das nicht alles Galiläer, die da reden? Wie kommt es, dass jeder von uns sie in seiner Muttersprache hört? Parther und Meder und Elamiter, Bewohner von Mesopotamien, von Judäa und Kappadokien, von Pontus und der Provinz Asia, von Phrygien und Pamphylien, von Ägypten und dem kyrenischen Libyen, und in der Stadt weilende Römer, Juden und Proselyten, Kreter und Araber - wir alle hören sie in unseren Sprachen von den grossen Taten Gottes reden. Sie waren fassungslos, und ratlos fragte einer den andern: Was soll das bedeuten?“

Andere aber spotteten und sagten: „Die sind voll süßen Weins.“

Petrus aber trat vor, zusammen mit den Elfen, erhob seine Stimme und sprach: „Ihr Juden und all ihr Bewohner Jerusalems, dies sei euch kundgetan, vernehmt meine Worte! Diese Männer sind nicht betrunken, wie ihr meint; es ist doch erst die dritte Stunde des Tages. Nein, hier geschieht, was durch den Propheten Joel gesagt worden ist: 'Und es wird geschehen in den letzten Tagen, spricht Gott, da werde ich von meinem Geist ausgießen über alles Fleisch, und eure Söhne und eure Töchter werden weissagen, und eure jungen Männer werden Gesichte sehen, und eure Alten werden Träume träumen. Und auch über meine Knechte und über meine Mägde werde ich in jenen Tagen von meinem Geist ausgießen, und sie werden weissagen.'“[1]

---

1 Übersetzung der Züricher Bibel (2007)

Liebe Gemeinde,

als ich mich in dieser Woche auf eine Beerdigung vorbereitete, fiel mir auf, dass unsere Hoffnung auf Auferstehung in ca. 20 Jahren 2.000 Jahre alt wird. Wir wissen nicht hundert-prozentig, wann Jesus gekreuzigt wurde, ob im Jahr 30 oder im Jahr 33 oder im Zeitraum dazwischen. So werden sich die Kirchen auf ein Datum dieses Jubiläums demnächst zu einigen haben. Aber soweit ich sehe, ist bisher noch gar keinem eingefallen, dass dies ein Jubiläum wäre, das wir – möglichst auch noch alle gemeinsam – feiern sollten. Und nicht nur 2.000 Jahre Hoffnung auf Auferstehung wäre dann in jenem Jahr zu feiern, sondern auch 2.000 Jahre Himmelfahrt Jesu und 2.000 Jahre Pfingsten, 2.000 Jahre Kirche!

Noch richten sich die Gedanken in unserer evangelischen Kirche auf das Jahr 2017, in dem sich die Reformation zum 500. Male jährt und unsere also ihren 500. Geburtstag feiert. Am 31. Oktober 2007 hat man in Wittenberg die Dekade zur Vorbereitung auf dieses Fest ausgerufen.

Hintergrund dieser so zeitigen Geburtstagsüberlegungen ist, dass wir uns alle bewusst sind, dass unsere Kirche heute auch wieder eine Reformation nötig hat. Unsere Gesellschaft verändert sich rasant, – und wenn wir als Christen das nicht zur Kenntnis nehmen, wird es unsere Kirchen bald nicht mehr geben. Die Meinung: Ach, es hat uns schon immer gegeben und wir haben schon so manches System überlebt – diese Art von Reden sind inzwischen in unserer Kirche sehr kleinlaut geworden.

Ja, es muss sich auch bei uns vieles ändern, aber was, das ist die große Frage – darüber werden u.a. in Wittenberg jetzt immer wieder große Konferenzen abgehalten, um einen Reformprozess der evangelischen Kirchen in ganz Deutschland an zu schieben. Und darüber ist wohl bisher ganz übersehen worden, dass 13 Jahre später dies viel größere Ereignis – 2.000 Jahre Hoffnung auf Auferstehung und Entstehung der ersten christlichen Gemeinden – zu feiern ist.

20 Jahre sind es also noch, die wir Zeit haben zu überlegen, wie wir das tun wollen. Als das Jahr 2000 so langsam heranrückte, haben mich ca. drei Jahre vorher junge Männer auf die Idee gebracht, dass wir das doch auch als Christen besonders feiern sollten. Die jungen Männer erzählten von der in Rio de Janeiro geplanten weltweit größten Silvesterfeier für das neue Jahrtausend. Da wären sie am liebsten hingefahren.

Wir Christen in Marzahn haben uns dann für dieses Jahr eine Reihe zusätzlicher ökumenischer Feiern und Aktionen vorgenommen und auf einem Plakat angekündigt. Wir feierten das Fest der Empfängnis Marias gemeinsam. Das Johannisfest in der Versöhnungsgemeinde war schon weniger gelungen. In der Adventszeit wollten wir eine alte Tradition wieder beleben, uns gegenseitig zu Hause zu besuchen. Die beiden Treffen, die verabredet wurden, kamen aber dann doch nicht zustande. Weihnachten aber holten wir das Licht aus Bethlehem hierher und haben es dann mit nach Hause genommen. Silvester 2000 war furchtbarer Nebel. Man konnte kaum einen Meter weit sehen. Wir hatten die Kirche hell erleuchtet, haben Kerzen angezündet und für unsere Welt gebetet. Herr D. spielte die Orgel. Wir beide waren die einzigen, die gekommen waren. Vor dem Brandenburger Tor feierten trotz des Nebels eine Million Menschen das neue Jahrtausend.

Liebe Gemeinde, wie werden wir in 20 Jahren Pfingsten feiern? 20 Jahre sind für einen Erwachsenen gut zu überblicken – gerade nachdem uns im letzten Jahr 20 Jahre seit der Wende 1989 bewusst gemacht wurden.

Wie alt bin ich in 20 Jahren? Werde ich das noch erleben? Möchte ich vielleicht dazu auch noch etwas beitragen, dass es ein gutes Fest wird, auch wenn ich nicht so genau weiß, ob ich dann noch hier sein werde?

In 20 Jahren kann man viel schaffen. Jedes Mal, wenn ich mit dem Auto oder der Bahn durch's Land fahre, dann registriere ich als gebürtige Ossi sehr bewusst, was alles in den letzten 20 Jahren neu entstanden ist und was noch aus der Zeit davor stammt. Da kann man wirklich staunen, was Menschen in 20 Jahren alles schaffen können. In 20 Jahren kann viel geschehen. Als ich zum 25jährigen Jubiläum unserer Gemeinde 2008 auf ein langes Band schrieb, was in jedem Jahr gewesen war, hatte ich viel zu tun.

Nun kann man einwenden, unsere Welt verändert sich so schnell – wie wollen wir wissen, was in 20 Jahren ist? Am Freitag war in der Zeitung zu lesen, dass es einem Wissenschaftler zum ersten Mal gelungen ist, ein neues Lebewesen zu produzieren, das demnächst das Öl für unsere Autos produzieren soll.

Ja, das ist so – wir Christen müssen viel und oft über unseren Tellerrand gucken und sehen, was draußen los ist, und nicht nur gucken, sondern wir sollten auch losgehen wie die Jünger damals – zu den Menschen in aller Welt , egal, welche Sprache sie sprechen und mit ihnen reden über das, was uns wichtig ist.

Ist es uns wichtig, in 20 Jahren das Pfingstfest ganz groß und fröhlich zu feiern? Oder sagen wir, da weiß doch schon heute hier keiner mehr, was dieses Fest bedeutet. Dann sollten wir erst recht darüber reden, denke ich – und es leben – damit deutlich wird, das ist nicht nur Geschichte, das betrifft mich selbst, weil ich die Kraft und die Freude des Heiligen Geistes spüre und erlebe, wie er auch heute Menschen verbindet und Gemeinde Jesu Christi sein lässt.

Heute erleben wir lebendige Gemeinde.Darum möchte ich fragen: Wer möchte etwas dazu beitragen, dass wir in 20 Jahren fröhlich 2.000 Jahre Pfingsten feiern?

23. Mai 2011

Gott ist nicht zu fassen

Predigt am Fest Christi Himmelfahrt während des ökumenischen Gottesdienstes auf dem Ahrensfelder Berg über 1. Könige 8,22-29:

Dann trat Salomo in Gegenwart der ganzen Versammlung Israels vor den Altar des Herrn, breitete seine Hände zum Himmel aus und betete:
„Herr, Gott Israels, im Himmel oben und auf der Erde unten gibt es keinen Gott, der so wie du Bund und Huld seinen Knechten bewahrt, die mit ungeteiltem Herzen vor ihm leben. Du hast das Versprechen gehalten, das du deinem Knecht, meinem Vater David, gegeben hast. Deine Hand hat heute erfüllt, was dein Mund versprochen hat.
Und nun, Herr, Gott Israels, halte auch das andere Versprechen, das du deinem Knecht David, meinem Vater, gegeben hast, als du sagtest: Es soll dir nie an einem Nachkommen fehlen, der vor mir auf dem Thron Israels sitzt, wenn nur deine Söhne darauf achten, ihren Weg so vor mir zu gehen, wie du es getan hast. Gott Israels, möge sich jetzt dein Wort, das du deinem Knecht David, meinem Vater, gegeben hast, als wahr erweisen.
Wohnt denn Gott wirklich auf der Erde? Siehe, selbst der Himmel und die Himmel der Himmel fassen dich nicht, wie viel weniger dieses Haus, das ich gebaut habe. Wende dich, Herr, mein Gott, dem Beten und Flehen deines Knechtes zu! Höre auf das Rufen und auf das Gebet, das dein Knecht heute vor dir verrichtet. Halte deine Augen offen über diesem Haus bei Nacht und bei Tag, über der Stätte, von der du gesagt hast, dass dein Name hier wohnen soll. Höre auf das Gebet, das dein Knecht an dieser Stätte verrichtet.“ [1]

Liebe Himmelfahrtsfest-Gemeinde,

Salomo hatte den Tempel in Jerusalem bauen lassen. Was seinem Vater David von Gott verwehrt wurde, durfte er tun. Dafür war er dankbar und erinnerte nun Gott an sein Versprechen, dass die Nachkommen Davids auf dessen Thron ewig herrschen würden. Er wünschte sich also, dass immer wieder in seiner Familie ein Sohn

1 Übersetzung der Züricher Bibel (2007)

geboren würde, der die Nachfolge antreten könnte. So wünscht sich das ein König, aber so hatte Gott es nicht versprochen. Gott hatte von einem Nachkommen geredet, der ewig herrschen würde.

Wir sind hier versammelt, liebe Schwestern und Brüder, weil wir diese Thronbesteigung, das Krönungsfest dieses Nachkommen Davids feiern: den Herrschaftsantritt Jesu aus Nazareth, des Sohnes Gottes, des Herrn und König der Welt.

Wenn die Kreuzigung Jesu im Jahr 30 stattgefunden hat, dann feiern wir dieses Fest heute im 1981. Jahr. 19 Jahre sind es dann noch hin bis zur 2000 Jahrfeier unserer Hoffnung auf Auferstehung zum ewigen Leben.

2018 wird es 100 Jahre her sein, dass wir bei uns in Deutschland keine Krönungsfeste mehr feiern, weil wir keinen Kaiser und keine Könige mehr haben. Könige sind für viele zu Märchengestalten geworden. Wenn es sie wirklich noch leibhaftig gibt wie in England und Schweden, dann haben sie aber auch auszusehen wie Märchenkönige: schön, mit einer Krone, in einer Kutsche fahrend und in einem Schloss wohnend. Das Regieren und Richten besorgen heute andere.

Unser Weltbild hat sich entsprechend in den letzten 100 Jahren massiv verändert und damit auch unsere Möglichkeit, das Himmelfahrtfest zu verstehen als Fest der Antritts der himmlischen Herrschaft durch Jesus aus Nazareth.

Schauen wir noch einmal auf das Weltbild des Königs Salomo: Zuerst redet er Gott an und sagt: „Kein Gott weder im Himmel noch auf Erden ist dir gleich."

Die Natur, unsere Welt, war für die Menschen damals belebt, wie auch heute noch für viele Menschen in Japan, Indien, China, Vietnam und anderswo, belebt von Göttern, Geistern, Feen und Dämonen. Sie galt und gilt es günstig zu stimmen durch Opfer und Verehrung. Sie sollen Glück und Erfolg, Gesundheit und Fruchtbarkeit garantieren.

Für Salomo gleicht keiner dieser Götter dem Gott Israels, für den er den Tempel gebaut hatte. Und er wusste: „Der Himmel und aller Himmel Himmel mögen ihn, Gott nicht fassen. Wie viel weniger ein Haus aus Stein gebaut?" Gott ist nicht zu fassen in den Dimensionen von Himmel und Erde. Selbst wenn es über diesem Himmel hier noch sieben weitere gibt, er ist nicht da. Er ist für uns Menschen nicht vorstellbar. Wie viel weniger kann man für ein Haus beanspruchen, dass er darin wohne, sagt Salomo. So bittet er Gott: „Lass Deine Augen offenstehen über diesem Haus Nacht und Tag." Gottes Name darf in diesem Haus wohnen. Und doch hat

Salomo kurz vorher gesagt: „Die Sonne hat der Herr an den Himmel gesetzt, er selbst hat erklärt im Dunkel zu wohnen.“ (V 12) - ein Satz, der Jochen Klepper im Adventslied „Die Nacht ist vorgedrungen“ in der fünften Strophe sagen ließ:“Gott will im Dunkel wohnen und hat es doch erhellt.“

Gott wohnt für uns im Dunkel. Wir sehen ihn nicht und mit all unserer Wissenschaft können wir ihn nicht sichtbar machen. So ist auch seine Herrschaft für uns unsichtbar, ebenso sein Gericht. Und Jesu Thronbesteigung hat nichts Märchenhaftes an sich, wie die Krönung eines Thronfolgers in den heutigen Monarchien. Wir feiern sie in der Natur, hier auf den Ahrensfelder Berg. Ganz bewusst haben wir unsere Häuser, unsere Kirchengebäude verlassen, um etwas zu spüren von der Bedeutung seiner Herrschaft.

Zuerst die **Erde** unter unseren Füßen. Sie gibt uns Halt. Von Erde sind wir Menschen genommen, zur Erde sollen wir wieder werden, heißt es schon im dritten Kapitel der Heiligen Schrift, im Buche Genesis.

Wir fühlen den **Wind** im Gesicht, den Wind als Zeichen des Geistes Gottes, der weht, wo er will. Wir bitten um den Heiligen Geist. Er begreift uns und andere, unsichtbar und doch spürbar durch die Bewegung, die er auslöst..

Jetzt wollte ich sagen: Wir sehen die **Wolken** am Himmel, aber heute sind keine da. Wir müssen sie uns denken. Die Wolken sind seit jeher ein Symbol für Gottes Nähe. Als der Tempel in Jerusalem geweiht wurde, erfüllte die Wolke den Tempel, sodass die Priester deswegen nicht eintreten konnte, um seines Amtes zu walten. Und da sagte Salomo den Satz: „Die Sonne hat der Herr an den Himmel gesetzt, er selbst hat erklärt, im Dunkel zu wohnen. So habe ich nun dein Haus gebaut, dir zur Wohnung, eine Stätte, dass du da thronst ewiglich.“(V 12f).

Die Wolke hat Jesus aufgenommen, haben wir in der Himmelfahrtgeschichte des Lukas gehört. Eine Wolke verhüllt, nimmt uns die Sicht. Wenn wir über den Wolken fliegen, dann sehen wir von der Erde gar nichts mehr. So trennt die Wolke Himmel und Erde.

Ja, der **Himmel** über uns! Wegen des Himmels sind wir heute hier herauf gekommen, um dem Himmel ein Stück näher zu sein und einen besseren Überblick zu haben. 114,5 m hoch ist der Ahrensfelder Berg und damit dürften wir eine Aussicht von ca. 45 km haben. Laut Wikipedia haben wir in 1,70 m Höhe eine Sicht von 5 km, in 100 m von 39 km.

Unter uns liegen die Kirchen von Ahrensfelde und Eiche und verborgen hinter den Häusern, unser Evangelisches Gemeindezentrum in der Schleusinger Straße, das Gemeindehaus der SELK, die Ladenkirche der Kirche43, das Evangelische Gemeindezentrum in der Maratstraße, die katholische Kirche „Von der Verklärung des Herrn" und die Dorfkirche Marzahn, nicht zu vergessen das Gemeindehaus der Baptisten in der Schönagelstraße. Neu ist der „Christliche Garten" in den „Gärten der Welt", heftig umstritten und gerade dadurch im Gespräch: Worte Gottes in einem Garten! Nicht mehr ganz so neu ist die Wuhlgartenkirche auf dem Gelände des Griesinger Krankenhauses, getragen von einem Verein, der dort Ausstellungen und Konzerte durchführt und auch Gottesdienste durch die Krankenhausseelsorger ermöglicht. Gottes Geist weht wo er will!

Wir treffen uns in Häusern, in denen sein Name wohnt. Wir wollen diesem Namen Ehre und keine Schande machen: So beten wir mit Salomo: "Lass Deine Augen offenstehen über unseren Häusern Tag und Nacht."

Auch hier reden wir von einer Perspektive von oben, von einer himmlischen, heute würden wir sagen Vogel/Flugzeug-Perspektive. Himmel aber bedeutet für uns noch mehr: Himmel – unter freiem Himmel, sagen wir und meinen: Freiheit - Schönheit – Glanz der Sterne – das Rot der auf- oder untergehenden Sonne - Wunder-schön – gewaltiges Naturschauspiel.

Wir Menschen stehen aufrecht zwischen Himmel und Erde, zwischen diesen beiden Polen oben und unten. Die Erde zieht uns an und hält uns fest. Der Himmel lässt uns frei atmen und schenkt uns den Traum, fliegen zu können. In diesem Spannungsfeld stehen wir Menschen.

„Für den Himmel seid ihr bestimmt", sagt uns Jesus. „Ich möchte, dass ihr bei mir seid. Ich bin euch vorausgegangen, um euch eine Wohnung vorzubereiten. Wo ich bin, werdet auch ihr sein."

Zu Himmelfahrt sind wir dem Himmel ein Stück näher, denn unser Bruder Jesus ist schon da, wo wir sein werden. Er, der Himmel und Erde gemacht hat, Gott von Gott, Licht von Licht. Er, den der Himmel und aller Himmel Himmel nicht fassen, er hat uns bestimmt, seine Erben zu sein, hier und dort. Amen.

2. Juni 2011

Unser Zeitempfinden

Predigt anlässlich der Goldenen Konfirmation und einer Taufe zum Römerbrief 6,3–11

Liebe Gemeinde,

jetzt, wo ich selber allmählich in die Jahre komme und auf einige Jahrzehnte schon zurückblicken kann, beschäftigt mich immer wieder die Frage der Zeit in unserem Leben. Wie unterschiedlich ist doch das Empfinden derselben Zeitspanne beim Vorwärts- und Zurückschauen.

Heute bei der Goldenen Konfirmation blicken wir 50 Jahre zurück – und ganz leicht wandern die Gedanken noch weiter zurück. Wer vor 50 Jahren konfirmiert wurde, ist 1960 14 oder 15 Jahre alt gewesen und 1945/46, also kurz nach dem Kriegsende, geboren worden. Man kann sich noch erinnern an die Trümmer, an den Mangel und den Wert dessen, was man besaß. Lebensmittelmarken und Zuteilungsscheine für Schuhe sind noch gut im Gedächtnis. Die Konfirmandenzeit fiel z. T. schon in die Zeit der heftigen Polemik gegen die Kirche. Mit Glauben sollte ein moderner Mensch nichts mehr zu tun haben. Das war allenfalls was für die Alten, Unverbesserlichen, die sowieso bald aussterben würden. Die junge Generation, der die Zukunft gehören und die die moderne Welt aufbauen würde, die sollte von solchem Unsinn ferngehalten werden.

1945 war eine entscheidende Marke in unserer Geschichte, eine weitere der Mauerbau 1961 und dann 1989/90. Doch sind junge Leute unter uns, für die auch 1989 schon Geschichte ist und die das mehr aus dem Erzählen ihrer Eltern und Lehrer kennen, als aus eigenem Erleben. Wie selbstverständlich sind sie in unserem „Deutschland, einig Vaterland“ aufgewachsen.Und dann ist da die kleine Ch. gerade ein Jahr alt.

50 Jahre aber nach vorn zu blicken ins Jahr 2060 – wer traut sich das? „Ach, da lebe ich ja gar nicht mehr“, höre ich die einen sagen – oder „Ob ich da noch lebe?“

Doch wenn wir zurückblicken – wie schnell sind die Jahre vergangen – und auch für die kleine Ch. werden sie im Rückblick schnell vergangen sein. Und dann betreten wir eine Kirche und hören Worte zu uns sprechen, die fast 2.000 Jahre alt sind und älter – und die so oft, wie auch heute vom eigenen Tod sprechen und so uns mit einer Zeit konfrontieren, die, je nach unserem Alter, noch viele Jahre vor

uns liegt. Heute, am Sonntag, an dem es um die Taufe geht, hören wir, was Paulus an die Gemeinde in Rom schrieb:
„Wisst ihr denn nicht, dass wir, die wir auf Christus Jesus getauft wurden, auf seinen Tod getauft worden sind? Wir wurden also mit ihm begraben durch die Taufe auf den Tod, damit, wie Christus durch die Herrlichkeit des Vaters von den Toten auferweckt worden ist, auch wir in der Wirklichkeit eines neuen Lebens unseren Weg gehen. Wenn wir nämlich mit dem Abbild seines Todes aufs Engste verbunden sind, dann werden wir es gewiss auch mit dem seiner Auferstehung sein. Das gilt es zu erkennen: Unser alter Mensch wurde mit ihm gekreuzigt, damit der von der Sünde beherrschte Leib vernichtet werde und wir nicht mehr Sklaven der Sünde seien. Denn wer gestorben ist, ist von allen Ansprüchen der Sünde befreit. Sind wir aber mit Christus gestorben, so glauben wir fest, dass wir mit ihm auch leben werden. Denn wir wissen, dass Christus, einmal von den Toten auferweckt, nicht mehr stirbt; der Tod hat keine Macht mehr über ihn. Sofern er starb, starb er der Sünde ein für alle Mal; sofern er aber lebt, lebt er für Gott. Das gilt auch für euch: Betrachtet euch als solche, die für die Sünde tot, für Gott aber lebendig sind, in Christus Jesus.“ (Römer 6, 3 – 11)[1]

So schreibt ein Mann im besten Alter an Menschen in Rom, die er in der nächsten Zeit besuchen will. Es sind Familien, die sich im Namen Jesu haben taufen lassen wie er selbst, und die sich durch die Taufe mit Jesus auf's Engste verbunden fühlen. Jesu Leben ist zu ihrem geworden, sein Tod zu ihrem Tod, und sein neues Leben durch die Auferstehung zu ihrer eigenen Auferstehung zu einem neuen Leben. Der Tod liegt durch die Taufe hinter ihnen. Über ihnen strahlt die Herrlichkeit des himmlischen Vaters.

Viele Kirchen sind so gebaut und bemalt worden. Das große hohe Gewölbe sollte die Herrlichkeit Gottes fühlbar machen, die sich durch die Taufe uns Menschen eröffnet. Das Taufbecken stand oft im Eingangsbereich, um zu zeigen: Mit der Taufe beginnt das neue Leben, über dem der Glanz Gottes leuchtet.

So hat das Reden vom Tod nichts Erschreckendes. Der Tod liegt durch die Taufe hinter mir und vor mir liegt das Leben in Gott. Hinter mir liegt mit dem Tod aber auch die Sünde – und so lebe ich seit der Taufe im Bewusstsein der Vergebung meiner Schuld durch Jesus.

1 Übersetzung der Züricher Bibel (2007)

Aber genau da beginnt für uns das intellektuelle Problem: Wir sind zum allergrößten Teil als Kinder getauft worden. Welche Schuld wird für ein Kind in der Taufe abgewaschen, wo das Leben doch noch vor ihm liegt. Darüber ist in der Vergangenheit viel philosophiert worden – dabei ist es doch nur ein Problem der Zeit – nämlich des Zeitpunktes der Taufe.

Manche haben es zu lösen versucht, indem sie generell nur Erwachsene taufen. Aber der Gedanke, dass unsere Kinder von der Taufe ausgeschlossen sein sollten, ist für viele von uns schwer zu ertragen. Und wir Erwachsenen wissen: Auch wenn wir uns die größte Mühe geben, Gott Ehre mit unserem Leben zu machen – ohne Schuld 50 oder mehr Jahre zu leben, das wird nicht möglich sein. Wir werden immer wieder um Vergebung bitten müssen und immer wieder neu anfangen dürfen und einen neuen Versuch starten. – Wie der verlorene Sohn! Wichtig ist, zu wissen: Ich darf umkehren! Der himmlische Vater wartet auf mich.

Es gibt ein Lied der christlichen Rockgruppe „Ruhama“, das heißt: „Ewigkeit fällt in die Zeit“. Das ist das Geheimnis der Taufe. Mit der Taufe öffnet sich für mich der Himmel und „Ewigkeit fällt“ in meine Zeit. – Alle Zeitprobleme von vorher und nachher werden damit hinfällig.

Die Taufe steht in der Mitte meines Lebens – wie bei uns das Taufbecken.

Alles was mit dem ewigen Leben nicht zusammenpasst, hat draußen zu bleiben und Vergangenheit zu werden. Alles, was mich belastet, werde ich und soll ich hier zurücklassen – und so frei werden für die Liebe, - für die Fröhlichkeit, – für Dankbarkeit unter dem Glanz der Herrlichkeit Gottes. Amen.

11. Juli 2010

Eine kurze Zeit

Predigt am Sonntag Jubilate über Johannes 16,16-23a:

Jesus sprach zu seinen Jüngern bei seiner letzten Mahlzeit vor seiner Verhaftung: *„Nur eine Weile, und ihr seht mich nicht mehr, und wiederum eine Weile, und ihr werdet mich sehen."*
Da sagten einige seiner Jünger zueinander: „Was meint er, wenn er zu uns sagt: 'Nur eine Weile, und ihr seht mich nicht, und wiederum eine Weile, und ihr werdet mich sehen? ' Und: 'Ich gehe zum Vater '?"
Sie sagten also: „Was meint er, wenn er sagt: 'Nur eine Weile?' Wir wissen nicht, wovon er redet."
Jesus merkte, dass sie ihn fragen wollten, und sagte zu ihnen: „Darüber zerbrecht ihr euch den Kopf, dass ich gesagt habe: 'Nur eine Weile, und ihr seht mich nicht, und wiederum eine Weile, und ihr werdet mich sehen?' Amen, amen, ich sage euch: Ihr werdet weinen und klagen, die Welt aber wird sich freuen. Ihr werdet traurig sein, aber eure Trauer wird sich in Freude verwandeln.
Wenn eine Frau niederkommt, ist sie traurig, weil ihre Stunde gekommen ist. Wenn sie das Kind aber geboren hat, denkt sie nicht mehr an die Bedrängnis vor Freude, dass ein Mensch zur Welt gekommen ist. So seid auch ihr jetzt traurig; aber ich werde euch wiedersehen, und euer Herz wird sich freuen, und die Freude, die ihr dann habt, nimmt euch niemand. An jenem Tag werdet ihr mich nichts fragen." [1]

Liebe Gemeinde!

Wenn es uns gelungen ist, Jesu Lebensweg zu verstehen und anzunehmen, dann wird uns Freude erfüllen, die nie mehr aufhören wird. Das wird uns heute versichert. In dieser Zeit zwischen Ostern und Pfingsten werden wir noch einmal zurückgeführt zum Gründonnerstag. Die Verhaftung, Verurteilung, das Leiden und Sterben lagen noch vor Jesus. Bei seinem letzten Zusammensein mit seinen Jüngern redete Jesus mit ihnen darüber, was nun geschehen werde und was das, für sie bedeuten würde. Jesus sagte: „Eine kurze Zeit werdet ihr mich nicht sehen."

---

1 Übersetzung der Züricher Bibel (2007)

Warum betont Jesus, dass es nur eine kurze Zeit ist? Zum vierten Mal spricht er nun schon im Johannes-Evangelium von dieser kurzen Zeit. Aber während er bisher damit die kurze Zeit meinte, die er noch bei seinen Jüngern sein würde, und sie ermahnte, diese Zeit zu nutzen, geht es nun auch um die Zeit, die er nicht bei ihnen sein würde, die Zeit von Karfreitag bis Ostern, eine Zeit von vielleicht 40 Stunden, noch nicht zwei Tagen.

Wir wissen alle, wie das mit der Zeit ist. Wir empfinden sie jeder anders. Für ein Kind ist ein Jahr unendlich lang. Je älter man wird, umso schneller vergeht die Zeit. Und doch gibt es auch für Ältere Minuten oder Stunden, die unerträglich lang werden, Stunden des Wartens, der Einsamkeit, der Angst, der Prüfungen. Und so mögen auch die Stunden des Karfreitag bis hin zum Ostermorgen und der befreienden Nachricht von Jesu Auferstehung von den Jüngern als unendlich lang, leer oder belastend empfunden worden sein. Da saßen sie in Angst, von den Soldaten gefunden und auch verurteilt und hingerichtet zu werden. Es quälten sie Schuldgefühle, weil sie Jesus allein gelassen hatten. Sie malten sich aus, was nun mit ihm geschah. Alle ihre Hoffnungen, die sie mit ihm verbunden hatten, waren zerstört. Wie unendlich lang mögen ihnen diese Stunden geworden sein.

Und nun wird erzählt, dass Jesus vorher mit ihnen über alles geredet hat, was mit ihm passieren wird. Sie konnten es zwar nicht verstehen und akzeptieren, aber nachträglich wurde ihnen dann vieles klar. Allen vier Evangelisten ist wichtig, dies zu betonen: Jesus hat gewusst, was mit ihm passieren würde. Er ist diesen Weg bewusst gegangen, nicht in blindem Fatalismus, weil ihm nichts anderes übrig geblieben wäre und er das, was er kommen sah, nicht verhindern konnte, sondern weil er diesen Weg als seinen Weg angenommen hatte.

Und er wollte, dass auch seine Freunde und Schüler diesen Weg akzeptierten. Deshalb sprach er oft mit ihnen darüber. Er wusste, dass sie ganz anderes von ihm erwarteten: die Errichtung einer neuen Königsherrschaft in Jerusalem und das Verjagen der Römer. Er wusste, wie schwer es ihnen fiel, seinen so ganz anderen Lebensweg zu akzeptieren, wie die Jahre, die sie miteinander verbracht hatten, sie aneinander gewöhnt und miteinander verbunden hatten und wie schwer es ihnen werden würde, nun ohne ihn auskommen zu müssen. Deshalb redete er mit ihnen darüber, tröstete sie, schon bevor das Unglück eintraf mit dem Beispiel der gebärenden Frau. Die Freude über das neugeborene Kind lässt alles vergessen, was die Mutter vorher an Mühen und Schmerzen ertragen musste.

Ostern ist eine neuer Mensch geboren worden. Paulus redete von ihm, von Jesus, als dem neuen Adam. Durch seinen Gehorsam wurden viele gerecht, sagt er. Durch seine Gerechtigkeit gibt es für alle Menschen die Rechtfertigung ihres Lebens. Durch ihn, Jesus, empfangen wir die Fülle der Gnade und werden durch ihn im Leben herrschen. Der neue Mensch, zu Ostern geboren, ans Licht gekommen aus des Grabes und der Erde Finsternis, ist ein Mensch, der dem Tod nicht mehr verfallen ist, sondern ihn überwunden hat, der Erste der neuen Schöpfung, ein Mensch, der auch der Sünde nicht mehr verfallen ist.

„Der neue Mensch" - wir Älteren gehören zumeist zu einer Generation, die dieses Wort nicht mehr hören kann, haben wir es doch zu oft in Verbindung mit der sozialistischen Propaganda gehört und haben wir doch erlebt, dass trotz aller Versuche, die Welt und den Menschen zu bessern, der Mensch immer noch der Alte ist und sich nicht geändert hat, nicht schlauer geworden ist seit Adams Zeiten. Und da wage ich es, hier den Paulus zu zitieren und dieses Bild von der gebärenden Frau, das Jesus gebraucht, darauf zu beziehen? Nicht nur 22 Jahre ist es her, das der Traum von einem besseren, dem sozialistischen Menschen zerbrach, sondern fast 2000 Jahren, dass Jesus seinen Jüngern versprach, dass sie nach einer kurzen Zeit der Trauer mit Freude erfüllt sein würden und dass niemand mehr ihnen diese Freude nehmen könne.

Für die Jünger mag dies gestimmt haben, auch dass sie, die gerade nach der Erzählung des Johannes-Evangeliums immer so viele Fragen an Jesus hatten, ihn nun nichts mehr fragen mussten. Sie hatten ihn verstanden. Aber warum wird dies uns heute erzählt? Es hat doch nur einen Sinn, wenn dies auch mit uns etwas zu tun hat. Und dies hat es natürlich. Die Freude der Jünger soll unsere Freude werden und auch wir sollen dahin kommen, dass wir Jesus nichts mehr fragen, weil uns keine Zweifel mehr quälen. Auch uns soll niemand mehr unsere Freude nehmen können.

Aber auch uns wird nicht nur Freude in Aussicht gestellt, sondern zuerst eine kurze Zeit, in der wir Jesus nicht sehen. Wir kennen diese Zeit wohl alle: Wir versuchen in der Bibel zu lesen. Wir versuchen zu beten, versuchen miteinander zu singen und über den Glauben zu reden, aber wir bleiben innerlich leer.

Wenn es uns aber gelingt, wirklich vom Innersten her, Jesu Lebensweg mitzugehen und zu akzeptieren, auch seine letzte Wegstrecke in der Karwoche, wenn wir fähig werden, zum Leiden bis hin zum Sterben „Ja" zu sagen, dann wird uns Freude erfüllen. Wir werden uns leicht fühlen, so dass wir jubeln können, so wie es unser

Sonntag Jubilate benennt. Wir dürfen, wir können, wir sollen froh sein mit den Jüngern in dieser Zeit nach Ostern und diese Freude soll niemand von uns nehmen.

Denn wir haben erfahren: Jesus lebt – als ein neuer Mensch, als ein Mensch, der den Tod und alle, die uns aufgrund unserer Angst vor dem Tod beherrschen, besiegt hat. Der Tod hat keine Macht mehr über uns und deshalb die Sünde auch nicht mehr. Zu Ostern sangen wir: „Jesus lebt, mit ihm auch ich, Tod wo sind nun deine Schrecken? Er, er lebt und wird auch mich von den Toten auferwecken. Er verklärt mich in sein Licht. Dies ist meine Zuversicht." Aber sind wir nicht trotzdem innerlich noch weit davon entfernt, mit innerer Wahrhaftigkeit so singen zu können? Reden wir/ ich hier nicht nur so aus Tradition, weil wir irgendwie das Empfinden haben, dass es sich hier um Werte handelt, die wir nicht verloren gehen lassen wollen?

Nein, wir wollen, dass diese Botschaft auch in unserer Welt noch gehört wird. Und deshalb reden und singen wir so, auch wenn wir noch nicht Jesu Weg soweit mitgegangen sind, dass wir ihm als dem Auferstandenen begegnet sind, auch wenn uns also noch nicht die österliche Freude so ganz und gar erfüllt und wenn uns noch nicht nach Jubel zumute ist und wir uns noch in der Zeit des Trauerns, der Selbstvorwürfe, der Hoffnungslosigkeit befinden.

Jesus weiß-nicht nur, dass seinen Jüngern damals die Zeit von Karfreitag bis zum Ostermorgen unendlich lang wurde. Er weiß auch, dass uns diese Zeit der Hoffnungslosigkeit angesichts dessen, was in der Welt oder auch in unseren Familien so vor sich geht, unendlich lang wird. Gerade in diesen Tagen der Frühjahrstrockenheit – wann haben wir schon je von einem Sandsturm hier gehört - werden wir daran erinnert, dass unser Lebensstil und unser Energieverbrauch alles aus dem Gleichgewicht bringen. Aber die Passionsgeschichten der Heiligen Schrift trösten uns: Die Natur, die Sonne und die Erde, sie kennen und erkennen ihren Schöpfer besser als wir Menschen. Sie konnten nicht zusehen, wie Menschen ihn ans Kreuz nagelten. Sie können auch nicht zusehen, wenn wir Menschen meinen, für die Schöpfung Gott nicht mehr dankbar sein zu können, sondern sie verbessern zu müssen, oder aber Dankbarkeit überhaupt nicht mehr kennen, weil Gott uns unbekannt ist.

Ja, wir leben noch weiterhin in dieser Zeit der Schuldgefühle und Schuldzuweisungen, der Zerstörung und Gewalt. Aber auch uns wird gesagt: Es wird für Euch eine kurze Zeit sein und dann wird eine Zeit kommen, in der ihr voll Jubel sein werdet, den euch niemand mehr nehmen wird.

Wenn wir „Ja“ sagen zu diesem Gott, der das Leiden und den Tod in der Welt nicht beseitigt, sondern selbst erträgt und dadurch überwindet, dann wird all das, was hinter uns liegt, als kurz erscheinen. Vor uns aber wird ein Weg liegen, der zum Paradies führt. Sicher wird er immer noch schmal und steinig sein und nur wenige werden uns auf diesem Weg begleiten. Aber es wird uns nichts mehr ausmachen, denn Freude wird unser Herz erfüllen genauso wie die Jünger einst, die sich aufmachten, den Menschen aller Völker, den Heiden, diese frohe Botschaft zu bringen und sich von nichts und niemand, davon abbringen ließen. Und wie jene, die einst in Zeiten der Kriege, der Not und Seuchen unsere alten schönen Kirchenlieder dichteten und komponierten, werden auch wir jubeln können. Amen.

14. Mai 2011

Gerüstet sein für das, was kommt

Predigt über Epheserbrief 6, 10 – 17:

Werdet stark im Herrn und in der Kraft, die von seiner Stärke ausgeht!
Zieht die Waffenrüstung Gottes an, damit ihr dem Teufel und seinen Machenschaften entgegentreten könnt! Denn wir kämpfen nicht gegen Fleisch und Blut, sondern gegen die Mächte, die Gewalten, die Fürsten dieser Finsternis, gegen die Geister des Bösen in den Himmeln.
Greift darum zur Waffenrüstung Gottes, damit ihr widerstehen könnt am bösen Tag und, nachdem ihr alles zu Ende gebracht habt, bestehen bleibt. Seid also standhaft:
Gürtet eure Hüften mit Wahrheit, zieht an den Panzer der Gerechtigkeit, tragt an euren Füßen als Schuhwerk die Bereitschaft für das Evangelium des Friedens und, was auch kommen mag,
ergreift den Schild des Glaubens, mit dem ihr alle brennenden Pfeile des Bösen abwehren könnt.
Empfangt den Helm des Heils und das Schwert des Geistes, der Gottes Wort ist. [1]

Liebe Gemeinde,

holt euch von Gott Kraft, wird uns heute gesagt. Zieht euch wie ein Ritter vollständig zum Kampf an, damit euch nichts passiert und ihr geschützt seid euch verteidigen könnt, wenn der Gegner auf euch schießt. Angst braucht ihr nicht zu haben. Der Sieg ist euch sicher – mit dem Schwert des Geistes, des Wortes Gottes in der Hand. Die Schuhe an euren Füßen zeigen schon: Ihr werdet die Nachricht vom Sieg über die Feinde und dem dadurch wieder eingekehrten Frieden nach Hause zu den Euren bringen.

Liebe Gemeinde, ich habe hier vorn einen alten Brustpanzer (Kürass) hingestellt – geerbt in einer Zeit, als man solche Sachen noch wegwarf. Er stammt vermutlich aus der Zeit von 1870 – und fand sich auf dem Boden unserer Dorfschule, wo der Lehrer Ordnung machte und ihn einem Jungen, der dabei half, schenkte. Das war mein Bruder.

1 Übersetzung der Züricher Bibel (2007)

Stellen wir uns mal vor, so einen Panzer anzuziehen, uns anzuschnallen. Wenn dann jemand uns mit einem Pfeil auf's Herz schießt – der prallt ab. Sogar einer Kugel hat er standgehalten, wie ihm anzusehen ist.

So ein Panzer ist schwer. Und wenn man gar alles andere noch an und auf hat, was dazu gehört, dann erst recht: Den Helm auf dem Kopf, den Schild in der einen Hand, das Schwert in der anderen Hand.

Dafür muss man stark sein. Man tut das, weil man weiß: Der Gegner ist auch stark – und er will mich vernichten. Darum muss ich mich vor seinen Angriffen schützen.

Wenn ich weiß, wozu ich den Panzer trage, dann ist er nur noch halb so schwer. Das Gefühl der Sicherheit, den er mir vermittelt, wird mich im Gegenteil sogar noch stärker und mutiger machen.
Stellen wir uns einmal vor, diese Waffenrüstung anzulegen, die Gott uns gibt:

- einen Gürtel um die Hüfte, in dem das Schwert stecken wird und dieser Gürtel ist die Wahrheit.
- den Brustpanzer – das ist Gerechtigkeit,
- Stiefel/Schuhe an den Füßen – das ist die Bereitschaft loszulaufen und die gute Nachricht vom Sieg und dem dadurch wieder eingekehrten Frieden weiterzusagen.
- In der linken Hand halten wir einen Schild – das ist unser festes Vertrauen zu Gott.

- In der rechten Hand ist das Schwert des Geistes, Gottes Wort.
- Unser Kopf ist geschützt mit einem Helm, der Sieg und Rettung bedeutet.

Stolz können wir unseren Helm als Zeichen des Sieges tragen. Aufrecht, mit erhobener Brust geht so ein Krieger daher – nur dass er unsichtbare Waffen und einen unsichtbaren Schutz trägt. Weder Wahrheit, Gerechtigkeit noch Vertrauen, noch Geist sind sichtbar. Wie kann es dann der Sieg sein?

So sieht man niemandem von uns diese Waffenrüstung an. Erst, wenn die giftigen Pfeile an uns abprallen, merken vielleicht unsere Gegner, dass wir nicht wehrlos sind und dass wir vielleicht doch stärker sind, als sie dachten.

Nun ist aber nicht nur unsere eigene Kampfausrüstung unsichtbar, sondern unsere Gegner sind es auch.

Im Brief an die Epheser ist von den listigen Methoden des Diabolos die Rede, dessen, der alles durcheinander bringt. Es könnte sein, dass dort, wo Chaos herrscht, jemand das so will und es sehr nützlich findet, seine eigenen Pläne in diesem Durcheinander durchzusetzen.

Wir sind alle der Überzeugung, dass Diebe und Räuber vor allem nachts in der Dunkelheit kommen. Darum schützen wir uns durch das Licht von Laternen und Bewegungsmeldern. Diebe aber sind listig und kommen auch am helllichten Tag - gerade dann, wenn wir uns in Sicherheit wiegen und dadurch nachlässig werden im Blick auf unseren Schutz. Denn Diebe sind am Allgemeinen listig.Aber es geht hier, wie gesagt, um die unsichtbaren Feinde.
„Denn wir haben nicht mit Fleisch und Blut zu kämpfen, sondern mit Mächten und Gewalten, ... mit den Weltherrschern der Finsternis, mit den bösen Geistern unter den Himmeln.“

Nun, als aufgeklärte Menschen glauben wir nicht an solche Geisterwesen, aber unsere Kinder umso mehr.Da gibt es den Darth Vader mit seinem Laserschwert – den Bösen, der ursprünglich auch mal ein Guter war, aber nun die Guten bedroht und die Weltherrschaft erstrebt. Als Plastikpuppe in Menschengröße stand er – oder steht er noch – in Spielzeug- oder anderen Geschäften und kann gekauft werden für etliche 100 Euro. Wer stellt sich so etwas in die Stube?

Zum Fasching verkleiden sich kleine Jungen gern in ihn – und fühlen sich dann stark mit ihrem Plastik-Laserschwert. Viele Jugendliche auch in unserer Gemeinde machen eine schwarze Phase durch, tragen nur schwarze Kleidung, färben ihre

Haare schwarz, leben zu Hause am liebsten im Dunkeln und gestalten ihr Zimmer ebenso schwarz. Für die einen mag es ein Schutz sein, denn schwarz heißt: „Halte Abstand, mir ist jetzt nicht nach Fröhlichkeit zumute. Ich bin traurig. Ich trauere, weil ich jemanden sehr Liebes verloren habe. Bitte gönne mir die Ruhe." Schwarz kann auch nur Modefarbe sein oder, weil es die anderen auch so machen, als schick empfunden werden.

Trotzdem ist es doch erschreckend, wie viele Kinder und Jugendliche heute das Düstere, Geheimnisvolle, Dunkle, Schwarze lieben und welchen Reiz das auf sie ausübt – und sich darum so gut verkauft. Sich mit dem Dunklen zu verbünden, vermittelt offensichtlich auch Kraft, dem Leben heute stand zu halten und genügend Selbstbewusstsein zu haben, um nicht unter zu gehen.

Wo aber sind wir mit der glänzenden Waffenrüstung Gottes?

Nach den Erfahrungen des Krieges und der Nazi-Zeit nehmen wir solche Wörter, wie Panzer, Schwert, Schild und Helm, nicht gern in den Mund. Selbst bei „Gürtel um die Lenden" denkt meine Generation noch sehr schnell an die Koppelschlösser der Soldaten des ersten Weltkrieges, auf denen stand: „Mit Gott, für König und Vaterland." Zu oft ist uns davon erzählt worden als schändlichem Beispiel für die Verknüpfung von Glaube und staatlicher Großmachtpolitik. Gerade in der Friedensdekade, die jetzt im November wieder stattfindet, wollen wir mit so einer kämpferischen Sprache nichts zu tun haben, ja, wir wollen im Allgemeinen doch gerade nicht kämpfen, sondern in Frieden leben.

Frieden war in alter Zeit nur möglich, wenn der Feind in die Flucht geschlagen war oder tot auf dem Schlachtfeld lag. Zwar konnte man in Friedenszeiten viel dafür tun, mit den Nachbarn in Frieden zu leben – durch Handelsbeziehungen, Verträge und geschickte Heiratspolitik der Herrscher. Man konnte durch gute Innenpolitik dafür sorgen, dass es den Menschen im eigenen Land gut ging, sie sich gerecht behandelt fühlten und Streitigkeiten fair geschlichtet wurden. Aber es gab immer auch Feinde, bei denen war an Verhandlungen nicht zu denken, die lebten eben vom Raub oder hatten sich als Herrscher von Großreichen vorgenommen, die Weltherrschaft zu erringen und reicher und immer reicher zu werden.

Da nützte der Willen zum Frieden und zu Verhandlungen wenig, da nützten auch keine Gespräche. Dafür muss man erst mal vom Gegner für voll genommen werden. Wer wird aber von den Großen für voll genommen, wenn er klein und schwach ist? Man ist höchstens noch lästig und wird wie eine Fliege beiseite gefegt von denen, die das Sagen haben. Darum müssen wir uns auch als Christen schützen und stark machen, wollen wir nicht untergehen. Aber womit? Eben mit dieser unsichtbaren Waffenrüstung Gottes!

Denn bevor die Schwerter aus Eisen aufeinander krachen, bevor die Atombomben fallen, findet stets ein unsichtbarer Kampf statt. Schon lange vor dem heißen Krieg tobt der kalte Krieg, der Krieg, der mit Worten geführt wird, mit Sanktionen und Verboten, mit hässlichen Bildern vom Gegner, mit Vorurteilen und viel List.

Wir Älteren haben einen großen Teil unseres Lebens in den Zeiten des Kalten Krieges verbracht und sind sehr, sehr dankbar, dass er mit dem Öffnen der Mauer hier in Berlin endete, und dass der heiße Krieg uns erspart blieb.Heute, 21 Jahre danach, sterben deutsche Soldaten in Afghanistan und in der Zeitung ist davon zu lesen, dass heute über das Internet Kriegsführung möglich und denkbar ist, ohne dass der Angegriffene überhaupt merkt, dass Krieg ist. Das wäre ein Krieg der Computerhacker. Den können nur Spezialisten führen, aber gefährlich ist er nicht weniger als heiße Kriege, wie in Afghanistan. So bauen die Armeen der Welt eigene Abteilungen für diese Art der Kriegsführung auf – zum Schutz des eigenen Staates und der eigenen Wirtschaft und, da „Angriff als die beste Verteidigung“ gilt, auch mehr und mehr zu Angriffszwecken.

Das Umdenken erfolgt in den Köpfen von uns Menschen. Es sind die, die die Ideen haben,– eine Figur, wie Darth Vader zu schaffen oder sich Methoden der entsprechenden Kriegsführung auszudenken. Unsichtbar sind wir Menschen heute verbunden durch die Angst vor der immer schwerer zu beherrschenden Technik und ihren Folgen. Auch wir Christen sind dem allen ausgesetzt und fangen an zu überlegen, wie wir uns schützen können.

Gott aber will uns stark machen – stark durch Dynamik, durch Energie, die uns antreibt, zu handeln, mächtig/machtvoll/verantwortungsvoll – aus der Position des Chefs heraus zu entscheiden, körperlich stark, die Belastungen des Lebens zu tragen.

Das bedeutet der erste Satz des Predigttextes. An uns liegt es nun, diese Kraft in Anspruch zu nehmen, sie anzulegen, wie man eine Waffenrüstung anlegt: Wahrheit, Gerechtigkeit, Vertrauen, Geist Gottes und die Bereitschaft, diese frohe Botschaft in die Welt zu tragen:

Das Gute überwindet das Böse. Es ist stärker.

Die Wahrheit siegt, nicht die Lüge, nicht die Täuschung und List.

Die Gerechtigkeit wird sich durchsetzen, die jedem Menschen Leben ermöglicht. Jeder Mensch soll zu essen haben und sauberes Wasser. Niemand soll frieren. Kranke und Gefangene sollen Besuch bekommen und nicht ihrem Schicksal überlassen werden.

Gott selbst ist der Weltherrscher. Jeder, der nach dieser Herrschaft strebt, ist im Begriff, sich an Gottes Stelle zu setzen. Das geht nicht gut. Gott lässt sich nicht beiseite schieben oder für ein Fantasieprodukt der Menschen erklären.

Er hat viel, viel Geduld mit unserem menschlichen Übermut und Hochmut, aber eines Tages ist dann Schluss damit. Das sollen alle wissen.

„Ich bete an die Macht der Liebe", heißt es in einem Lied. Ja, wir glauben an die alles verwandelnde Kraft Gottes, als an die Kraft des Guten. Auch wenn wir noch so viele Niederlagen erlitten haben! Dann lag es daran, dass wir die Waffenrüstung Gottes nur halb angelegt hatten und an den Sieg, der uns schon sicher ist – mit Gott an unserer Seite – nicht glaubten. Wir waren zu zaghaft, ja, wir ließen uns vielleicht sogar auf die Seite der Dunkelheit ziehen und deren Methoden unsererseits benutzen.

Liebe Gemeinde! Glauben wir noch an einen Sieg des Guten, der Wahrheit, der Liebe gegen den Hass?

Mir scheint vielen der Weltuntergang sicherer zu sein, vor allem unseren Kindern und Jugendlichen und denen, die für sie Filme machen. Es ist unsere Pflicht als Christen, etwas dagegen zu setzen: die Wahrheit gegen die Lüge, die Gerechtigkeit gegen die Ungerechtigkeit, den Geist gegen die Geistlosigkeit, die Liebe gegen den Hass.

Dass dies einfach sein wird, ist uns nirgendwo versprochen. Darum sollten wir vorsorgen und uns „warm anziehen", wie wir sagen, und beten: „Betet allezeit mit Bitten und Flehen im Geist … für alle Heiligen mit Beharrlichkeit". Im Gebet liegt eine große Kraft – wir sollten sie nutzen und so einander stärken, in dem wir füreinander beten. Amen.

24. Oktober 2010

Kosmos und Chaos

Predigt am Heiligen Abend zu Johannes 3,16-21:

Denn also hat Gott die Welt geliebt, dass er seinen eingeborenen Sohn gab, damit alle, die an ihn glauben, nicht verloren werden, sondern das ewige Leben habe. Denn Gott hat seinen Sohn nicht in die Welt gesandt, dass er die Welt richte, sondern dass die Welt durch ihn gerettet werde. Wer an ihn glaubt, der wird nicht gerichtet; wer aber nicht glaubt, der ist schon gerichtet, denn er glaubt nicht an den Namen des eingeborenen Sohnes Gottes. Das ist aber das Gericht, dass das Licht in die Welt gekommen ist, und die Menschen liebten die Finsternis mehr als das Licht, denn ihre Werke waren böse. Wer Böses tut, der hasst das Licht und kommt nicht zu dem Licht, damit seine Werke nicht aufgedeckt werden. Wer aber die Wahrheit tut, der kommt zu dem Licht, damit offenbar wird, dass seine Werke in Gott getan sind.[1]

Liebe Gemeinde!

Die Welt ist schön – nicht wahr? Wenn wir an die durch den vielen Schnee und Raureif verzauberte Natur in den letzten Wochen denken oder an Urlaubsfahrten, an einen Sonnenuntergang, Blumen und Bäume oder an unseren Weihnachtsbaum heute zu Hause.

Die Welt ist schlecht – nicht wahr? Sie bedrückt uns, wenn wir an sie denken. Soll das Fest schön werden, lassen wir sie am besten draußen und versuchen einmal abzuschalten von all dem Stress, dem Ärger, den Sorgen. Wir wollen es schön haben zumindest zu Weihnachten, gemütlich, gutes Essen, schöne Musik und freundliche, fröhliche, herzliche Menschen, die uns lieb haben, um uns herum.

Doch wenn es in unserem eigenen Herzen nicht genauso freundlich, fröhlich und herzlich aussieht, werden wir uns nicht wirklich wohl fühlen, selbst wenn alles andere so schön weihnachtlich wäre. Wir würden uns ausgeschlossen fühlen aus der Gemeinschaft der anderen und es würde uns Kraft kosten, uns das nicht anmerken zu lassen.

---

1 Revidierte Luther - Übersetzung von 1984

Gucken wir doch mal unser Herz an! Geistig natürlich! Fühlen wir es? Wie fühlt es sich? Fröhlich und frei oder beklommen? Sind unsere Gedanken doch immer wieder bei dem, was wir versuchen hinter uns zu lassen oder wenigstens für diese paar Tage mal zu vergessen?

Fünf Mal kommt in dem heutigen Predigtdienst das Wort „Welt" vor: „Kosmos" auf Griechisch – im Unterschied zum „Chaos"; die geordnete Welt, geordnet durch Gesetze, Naturgesetze und die Gesetze in der Gesellschaft; die Schöpfung, das All und die von Menschen bewohnte Erde, auf der es oft so entsetzlich chaotisch zugeht und viel Böses geschieht.

Und fünf Mal wird vom Licht gesprochen, das in die Welt gekommen ist. In unseren Breitengraden können wir das zu Weihnachten wunderbar nachempfinden. Wir zünden in diesen dunklen Tagen des Jahres ganz viele Lichter an. Licht in der Dunkelheit, das tut gut, aber möglichst so, dass die Dunkelheit noch zu sehen ist. Der Gegensatz von hell und dunkel, warm und kalt, der macht den Reiz dieses Festes aus.

Licht – dieses Wort hat einen eindeutig positiven Klang. „Mir ist ein Licht aufgegangen" - das heißt: Ich habe etwas verstanden, was mir lange ein Rätsel war. Wem ein Licht aufgeht, der freut sich. Etwas, was uns lange beschäftigt hat, was uns gequält hat, weil wir es nicht verstanden, das hat sich entwirrt und ist zu verstehen. Erleichtert können wir aufatmen, weil wir es verstanden haben.

Gucken wir noch einmal in unser Herz! Ist es belastet von solchen unverständlichen Rätseln aus der Vergangenheit?

Mit Jesus haben sich für viele Menschen ganz viele Lebens- und Welträtsel gelöst, - eben jene uralten Weissagungen der Propheten. Von Generation zu Generation waren sie überliefert worden und hatten sie die Hoffnung auf eine bessere, andere Menschenwelt wach gehalten. Und nun war es geschehen: Gott war als ein Mensch in unsere dunkle, chaotische Welt gekommen, als ein kleines, hilfloses Kind und doch voller Macht und Kraft und vor allem Liebe. Licht war in die Welt gekommen. Sie hatte ein Ziel bekommen und damit eine Zukunft. Man musste sich nicht mehr damit abfinden, dass sie so war, wie sie war. Ein Weg wurde sichtbar, wie es besser mit uns Menschen werden würde, - der Weg dieses Jesus aus Nazareth. Von der Zukunft war wieder etwas zu erwarten, nämlich dass er als der wahre König und Herrscher dieser Welt wiederkommen und so sichtbar für alle die sein würde, die jetzt noch nicht an eine bessere Zukunft glauben konnten.

Alles Böse und Chaotische in dieser Welt war so nichts mehr, mit dem man leben musste, weil die Welt halt so war. Nein, es wurde überwindbar. Es hatte schon das Siegel der Vergangenheit an der Stirn. Es war abgestempelt und es war nur noch eine Frage der Zeit, wann es endgültig beiseite geräumt war.

Denn wenn das Licht in die Welt kommt, dann wird alles klar und eindeutig sichtbar. Die Wahrheit tritt hervor. Das befreit alle, die unter der verschwiegenen Wahrheit so viele Jahre ihres Lebens gelitten haben. Ohne Wahrheit und Aufrichtigkeit ist das ganze Leben nur ein einziger Krampf. Wahrheit, die nicht ans Licht kommen darf, die kostet unendlich viel Kraft. - Für die einen, die wollen, dass sie nicht bekannt wird und für die anderen, die spüren oder ahnen: da ist doch etwas, da müssen wir bohren, nachfragen, forschen, da ist doch etwas anders, als es dargestellt wird!

Daraus entsteht dann in der Regel ein offener oder verdeckter Kampf. Für die einen ist die Wahrheit gefährlich, für die anderen ist sie die Befreiung aus Fesseln. Warum kann Wahrheit gefährlich sein? Weil sie von Schuld erzählt, von Fehlern, von Nachlässigkeit, von eitlem Stolz, von Bosheit...

Jesus hat Licht in unsere Welt gebracht, indem er uns, den Tätern, die Möglichkeit schenkte, von unseren Taten offen zu erzählen und sie nicht zu verschweigen. Petrus und die anderen Jünger und vor allem auch Paulus, einer der ersten Christenbekämpfer, haben es uns vorgelebt: Über Schuld, Fehler, Versagen dürfen wir reden, denn Jesus können wir vertrauen, dass er uns trotzdem nicht fallen lässt. Und weil er zu uns hält, werden es auch unsere Glaubensgeschwister tun. Damit hat er die Dunkelheit dieser Welt erhellt. Aber nicht alle freuen sich darüber. Für viele ist ihre Angst größer als das Vertrauen zu Jesus. Sie wollen, dass über ihre Taten das Gras des Vergessens wachse und nie jemand davon erfährt. Sie wollen ganz für die Zukunft da sein und die Vergangenheit, die sie eh nicht mehr ändern können, Vergangenheit sein lassen. Bitte nicht mehr dran rühren!

Aber das funktioniert nicht! Gerade solche Feste wie Weihnachten, die wir uns bemühen, so schön harmonisch zu gestalten, sind tickende Zeitbomben, wenn sie dazu dienen, die Wahrheit zu verdecken und zu überspielen. Da wird versucht, Familie zu spielen, obwohl der Gesprächsfaden schon lange zerrissen ist und es mehr als genug Themen gibt, die man nicht ansprechen darf, schon gar nicht beim schönen Festessen.

Glücklich sind die dran, wo es anders ist, wo offen über alles geredet werden darf, auch über die eigenen Missgeschicke und Fehler. Glücklich sind jene, wo gemeinsam über die Rätsel dieser Welt und unseres Lebens nachgeforscht werden kann und Freude herrscht, wenn uns wieder einmal ein Licht aufgeht.

Eines der großen Geheimnisse dieser Welt ist die Weihnachtsgeschichte selbst. Wir haben in dieser Woche über die Weissagungen der Propheten geredet, von denen wir einige immer am Heiligen Abend hören. Bis zu 1000 Jahren waren sie alt, als Jesus geboren wurde. Sie sind eingeflossen in die Erzählungen des Lukas und des Matthäus über Jesu Geburt und auch später noch in in die Darstellungen der Geburt Jesu auf Bildern. So kamen Ochs und Esel zu der großen Ehre, an der Krippe stehen zu dürfen, weil der Prophet Jesaja gesagt hatte: „Der Ochs kennt seinen Meister und der Esel die Krippe seines Herrn, Israel hat keine Einsicht, mein Volk hat keinen Verstand."

So sollen die beiden, Ochs und Esel, uns provozieren: Gebrauche deinen Verstand und komme auch du zur Krippe dieses Kindes, des Sohnes Gottes! Versuche die Geheimnisse dieser Geschichte zu verstehen, ihre mehr als tausendjährige Vorgeschichte und ihre nun schon 2010-jährige Nachgeschichte. Diese Geschichte ist voller wunderbarer Geheimnisse, die es für jeden von uns gilt, im Laufe seines Lebens immer wieder zu enträtseln. Darum kann man ruhig jedes Jahr wieder zur Kirche am Heiligen Abend kommen und wird jedes Mal nicht nur altes Vertrautes, sondern auch Neues hören.

Doch wer mehr verstehen möchte von den Geheimnissen seines Lebens, für den ist es besser, noch öfter das Gespräch darüber zu suchen. Denn immer geht es dabei nicht nur um das, was vor 2000 Jahren geschah, sondern auch um mich heute, und darum, wie es in meinem Herzen aussieht.

Gott schenke uns, dass wir im Vertrauen auf Gott und auf das, was er uns durch Jesus zeigten will, die Rätsel der Vergangenheit entschlüsseln.

Er schenke uns den Mut zur Wahrheit und zu Wahrhattigkeit

und hoffnungsvoll unseren Blick in die Zukunft richten zu können!

Denn bei Gott geht es im Leben immer nur bergauf. Amen.

24. Dezember 2010

Böses mit Guten überwinden

Predigt über die Jahreslosung aus dem Römerbrief 12,21:

„Lass dich nicht vom Bösen überwinden, sondern überwinde das Böse durch das Gute.“ [1]

Liebe Gemeinde,

dieser Satz kann uns im neuen Jahr viel Kraft geben, wenn wir in entscheidenden Situationen immer wieder daran denken. „Wandle negative Energie in positive Energie um,“ habe ich vor einiger Zeit in einem Radgeberbuch gelesen. Auch der Spruch „Aus den Steinen, die dir andere in den Weg legen, bau etwas Neues und Schönes!“, sagt mit anderen Worten dasselbe aus.

Ärger und Wut über das, was uns angetan wird, zerfressen nur uns selbst, zerstören unser eigenes Leben und das unserer Familie. Selten merkt davon derjenige etwas, der dafür verantwortlich ist, noch seltener führt ihn das zum Umdenken und zu einer Verhaltensänderung oder gar zu einer Entschuldigung.

Denn oft ist die Ursache des Ärgers und der Wut zu weit weg, als dass wir sie erreichen könnten. Oder sie entzieht sich uns. Wir müssten extra irgendwohin gehen, um unsere Wut dort ab zu laden, wo sie hingehört. Was bewirkt sie aber, wenn wir sie tatsächlich an der richtigen Stelle raus lassen. Sie verhärtet die Fronten. Alles wird noch schlimmer. Ein wirkliches Gespräch kommt selten zustande.

Dabei ist es wichtig, dass wir zu unseren Gefühlen stehen. Ärger und Wut zeigen: Hier ist jemand verletzt worden. Oder: Es wurden ihm Grenzen gesetzt, wo er keine haben wollte, Grenzen, die ihn jetzt behindern in dem, was er tun möchte.

Aus Anlass der Proteste in Stuttgart ist das Wort „Wutbürger“ von den Medien gebraucht worden. Nun wurde es zum Wort des Jahres 2010 gekürt. Welches Wort wird es 2011 werden?

Ärger und Wut zeigen, dass Menschen dringend miteinander reden müssen. Und doch ist gerade das oft nicht möglich. So wird übereinander geredet oder die Wut und der Ärger bei denen abgelassen, die sich nicht wehren können: bei den

---

1 Übersetzung der Züricher Bibel (2007)

Kindern oder gerade zufällig Anwesenden. Wir kennen das alle. Wir nennen es die Hackordnung. Wer von oben getreten wird, tritt nach unten weiter.

Ist das das Böse? Ist man böse, wenn man böse ist oder wird?

Ich denke nicht. Es ist sogar notwendig, dass wir an bestimmten Stellen böse werden. Darum ist es auch nicht peinlich, dass in der Bibel so oft vom Zorn Gottes die Rede ist, sondern es ist wichtig.

Zorn, Wut Ärger weisen auf Probleme und setzen uns Grenzen. Sie sind negative Sanktionen für die Verletzung von Normen und Gesetzen. Ja, und da wird die Sache kompliziert. Denn Normen, Regeln und Gesetze gibt es ganz viele, geschriebene und ungeschriebene, Gesetze, die ich vor Gericht einklagen kann und solche, die vielleicht nur in unserer Familie gelten, weil es schon immer bei uns so war oder weil wir das mal so verabredet haben oder weil irgendjemand mal gesagt hat: „So wird das jetzt gemacht!" Wenn wir uns also ärgern, dann weil irgendwelche Regeln verletzt wurden. Wenn wir das dann laut äußern, dann, um diese Regeln zu bekräftigen, weil wir sie für gut halten.Das ist doch nichts Schlimmes? Aber die Regel, die für uns gut ist, ist vielleicht für einen anderen schlecht oder hinderlich, und darum hat er sie verletzt.

Regeln werden uns schon als kleinen Kindern beigebracht, zum Beispiel durch die Märchen. Da wissen wir: das Gute besiegt immer das Böse. Das Märchen endet immer mit einem Happyend - ganz im Sinne unserer Jahreslosung 2011.

Wer gut ist und wer böse ist, das ist in einem Märchen kinderleicht zu erkennen. Rotkäppchen ist gut, die Großmutter ist gut, der Jäger ist gut. Der Wolf ist böse. Er tut nur so freundlich. Dass Rotkäppchen darauf hereinfällt ist seine Dummheit, seine Gutgläubigkeit. Das Kind kann gar nicht böse sein, auch wenn es vom Wege abgeht und nicht auf die Mutter hört, sondern auf den Wolf. Am Ende kommt der Retter, der Jäger, und besiegt den bösen Wolf und rettet Rotkäppchen und die Großmutter. - Ja, wenn das doch auch im wirklichen Leben so einfach wäre mit dem Gut und Böse. Es ist wohl eine der schwierigsten Fragen überhaupt, über die sich schon alle großen Philosophen den Kopf zerbrochen haben.

Ist der Wolf böse, nur weil er von Natur ein Fleischfresser ist? Ist der Mensch nicht eigentlich auch wie ein Wolf, dem es nur um die Befriedigung seiner eigenen Bedürfnisse geht? Dabei ist der Wolf ein schlechtes Beispiel, denn er lebt ja im Rudel mit sehr genauen Rechten und Pflichten in der Gruppe, also eigentlich sehr sozial.

Ich habe mir dieses Buch zu Weihnachten geschenkt: „Die Kunst kein Egoist zu sein. Warum wir gerne gut sein wollen und was uns davon abhält" von Richard David Precht, erschienen München 2010. In diesem Buch wird der Mensch immer wieder als ein Tier bezeichnet, das im Unterschied zu seinen übrigen Artgenossen über ein paar besondere Eigenschaften verfügt. Gott kommt nicht vor. Dreimal wird Jesus genannt, davon einmal um Sokrates zu erklären. Zitiert wird von ihm nur das Gebot der Nächstenliebe, das die Selbstliebe voraussetzt.

Nachdenken über Gut und Böse erfolgt in unserer heutigen Gesellschaft also ganz unabhängig vom Christentum. Sechs Professoren haben das Buch begutachtet: Biologen, Philosophen, Neurobiologen, Sozialanthropologen und Ethnologen. Ein Kommunalpolitiker wurde einbezogen, ein Pfarrer nicht, ein Theologieprofessor auch nicht. Was gut und böse ist, kann man auch ohne Bibel sagen?

Ja, man kann es und tut es, aber dann ändert sich auch alle paar Jahre, was man soll und wie man als Mensch zu sein hat. So schreibt der Herr Precht: „Doch das Bild, das viele Wissenschaftler noch in den 1980er und 1990er Jahren vom Menschen entwarfen, ist heute verblasst. Wo wir vor wenigen Jahren kühl kalkulierende Egoisten sein sollten, sind wir nach Ansicht zahlreicher Psychologen und Verhaltensökonomen heute ein ziemlich nettes und kooperatives Wesen." [1]

Man könnte auch sagen, wir sollen so sein, wie die Wirtschaft uns braucht. Die Bibel entwirft dagegen schon auf ihren ersten Seiten ein ganz anderes Bild vom Menschen. Sehr widersprüchlich ist es, so wie wir Menschen nun mal sind. Wir sind gut und böse. Wir haben beides in uns. In der Bibel wird uns der Spiegel vorgehalten. Im Verhalten Adams und Evas, Kains, der Menschen, die den Turm zu Babel bauten, und all der vielen anderen - sehen wir uns selbst. Darum sind diese Geschichten auch nach 3000 Jahren immer noch nicht veraltet, einfach weil sie so ehrlich sind und uns nichts vormachen. Und sie handeln alle von Gott als dem Gegenüber von uns Menschen, als von demjenigen, der uns Menschen Regeln vorgibt. Nicht wir entscheiden über diese Regeln, sondern er. Sie sind nicht demokratisch nach Mehrheitsentscheidungen verabschiedet worden, sondern uns von Gott vorgegeben wie die Naturgesetze. Wenn wir uns nicht nach ihnen richten, dann haben wir irgendwann das Nachsehen.

Gott erwartet von uns sehr viel, denn er hat uns zu seinem Ebenbild erschaffen und damit meilenweit über die Tiere erhoben, auch wenn es heißt, dass wir mit den großen von ihnen an einem Tag erschaffen wurden. Gott traut uns sehr viel zu. Er

1 Richard David Precht, Die Kunst kein Egoist zu sein. Warum wir gerne gut sein wollen und was uns davon abhält, München 2010, S. 17

liebt uns Menschen wie ein Bräutigam seine Braut und erwartet Gegenliebe und Treue. Er hat eine Beziehung zu uns, eine sehr innerliche, und es tut ihm weh, wenn wir uns nicht mehr an ihn erinnern und ihn vergessen. So bringt er sich uns immer wieder in Erinnerung, auch indem er uns Grenzen setzt. Jeder Mensch, der geboren wird, hat diese Grenze vor sich. Wir wissen nur nicht genau, wann.

Unsere Untreue überwindet Gott, indem er zu uns Menschen kommt – in Jesus von Nazareth, und indem er alles, was zwischen uns steht, durch Jesus beseitigt. Das allerdings kostet ihn den Tod am Kreuz. So wird uns wieder der Spiegel vorgehalten: Dazu seid ihr Menschen fähig, ihr Frommen, ihr Mächtigen, ihr meine Freunde und Schüler.

Gott überwindet das Böse mit Gutem. Das Kreuz Jesu hat Liebe und Versöhnung in unsere Welt gebracht, Mut und Wahrhaftigkeit den Ängstlichen und Feiglingen. Wir wollen Nachfolger Jesu sein. „Nimm dein Kreuz auf dich und folge mir nach", sagt er uns. Das heißt Annehmen von allem Schweren in unserem Leben. Ja, das gehört dazu. Das Leben ist kein Spaziergang. Es gibt uns auf, Lasten zu tragen. Was Jesus erlebt hat, erleben auch wir: Undankbarkeit, Unhöflichkeit, Misstrauen, Verrat, Verleumdung. Gut geht es uns, wenn nicht noch unschuldiger Gefängnisaufenthalt, Folter, Gerichtsprozesse, Rufmord und Mord dazu gehören. Auch das hat immer zum Christsein gehört und gehört es auch heute noch in vielen Ländern. Und die Angst davor hat auch das Leben vieler heute und hier geprägt: Kirchenaustritte aus Angst vor beruflichen Nachteilen.

Gott will nicht, dass wir Gleiches mit Gleichem vergelten. Gott glaubt an das Gute in uns. Um dies zu wissen, braucht es nicht erst die Gehirnforscher, die herausgefunden haben, dass uns unser Gehirn belohne, wenn wir Gutes tun, indem es uns Freude fühlen lässt.[1]

In der Bibel wird auch auf die negativen Folgen des Gutes-Tun hingewiesen: eben auf Undankbarkeit, Eifersucht, Neid... Trotzdem wird uns Mut gemacht, uns denen zuzuwenden und zu helfen, die uns das nicht danken können oder werden. „Liebt eure Feinde und bittet für die, die euch verfolgen, damit ihr Kinder eures Vaters im Himmel seid. Denn er lässt seine Sonne aufgehen über Böse und Gute und lässt regnen über Gerechte und Ungerechte. Denn wenn ihr nur die liebt, die euch lieben, was habt ihr für einen Lohn? Tun nicht auch die Zöllner dasselbe? Und wenn ihr nur eure Brüder grüßt, was tut ihr Besonderes? Tun nicht auch die Heiden

1 Ebd.: Richard David Precht, Die Kunst kein Egoist zu sein. Warum wir gerne gut sein wollen und was uns davon abhält, München 2010, S. 17

dasselbe? Ihr nun sollt vollkommen sein, wie auch euer himmlischer Vater vollkommen ist.“ (Matth. 5,44-48)

Was gibt es für einen stärkeren Grund, uns zu bemühen, das Böse mit Gutem zu überwinden? Aus den Steinen, die andere auf uns werfen, um uns zu treffen, lasst uns Kapellen zum Lobe Gottes bauen.

Wenn die anderen uns zu recht kritisieren mit ihren Steinen, weil wir die Regeln nicht eingehalten haben, die für alle wichtig sind, dann lasst uns das auch zugeben. Trotzdem können wir mit jenen Steinen Kapellen bauen, denn dort hat das Bekenntnis unserer Schuld seinen Raum.

Das Böse steckt an. Weil wir Menschen geneigt sind, unseren Gegenüber zu imitieren, müssen wir sehr auf uns aufpassen, dass wir nicht genau so zurückschlagen, wie wir angegriffen wurden. Doch dieser Reflex gilt genauso auch für das Gute. Auch das Gute, die Freundlichkeit, die Liebe wirken ansteckend. Wer anderen mit Respekt begegnet, der kann eher damit rechnen, auch ebenso behandelt zu werden, als jemand, der sich respektlos benimmt. Das ist eine Erfahrungsweisheit: „Wie ich in den Wald hineinrufe, so schallt es heraus.“ Darum lasst uns die Agierenden, die Täter, sein, diejenigen, die zuerst etwas tun. Dann sind die anderen diejenigen, die zu reagieren haben und sind im Nachteil, falls sie etwas für uns Böses im Schilde führten.

Das Urteil, das letztendliche Urteil über Gut und Böse sollen wir Gott überlassen. Vor seinem Urteilsspruch brauchen wir keine Angst zu haben. Amen.

2. Januar 2011

Der Spannungsbogen einer Lebensgeschichte

Predigt zur Goldenen Konfirmation über 1. Mose 50,15-21

Und die Brüder Josefs sahen, dass ihr Vater gestorben war, und sie sprachen: „Wenn nun Josef uns feind ist und uns all das Böse vergilt, das wir ihm angetan haben?“
So ließen sie Josef sagen: „Dein Vater hat vor seinem Tod geboten: Dies sollt ihr zu Josef sagen: 'Ach, vergib deinen Brüdern ihr Verbrechen und ihre Verfehlung, denn Böses haben sie dir angetan.' Nun vergib den Dienern des Gottes deines Vaters ihr Verbrechen.“
Josef aber weinte, als sie zu ihm redeten. Dann gingen seine Brüder selbst hin, fielen vor ihm nieder und sprachen: „Sieh, wir sind deine Sklaven.“
Josef aber sprach zu ihnen: „Fürchtet euch nicht! Bin ich denn an Gottes statt? Ihr zwar habt Böses gegen mich geplant, Gott aber hat es zum Guten gewendet, um zu tun, was jetzt zutage liegt: ein so zahlreiches Volk am Leben zu erhalten. So fürchtet euch nicht! Ich will für euch und eure Kinder sorgen.“
Und er tröstete sie und redete ihnen zu Herzen. [1]

Liebe Gemeinde,

der heutige Predigttext ist der Abschluss der sogenannten Vätergeschichte. Abraham, Isaak und Jakob - Vater, Sohn und Enkel - gelten als die Stammväter Israels und unseres Glaubens. Aus ihnen ist das Volk hervorgegangen, das Gott sich selbst erschaffen hat. Er hatte dem Abnahmen aus Chaldäa gesagt: „Aus dir will ich ein großes Volk machen,“ zu Abraham, der noch nicht einmal ein einziges Kind hatte. Dieses Versprechen baut - literarisch gesehen - einen Spannungsbogen auf.

Was ein Spannungsbogen ist, haben wir doch alle mal in der Schule gelernt, als wir für einen Aufsatz eine Geschichte erfinden sollten. Menschen hören einer Geschichte nur länger als ein paar Minuten zu, wenn es so einen Spannungsbogen gibt. Irgendwann aber möchte auch der konzentrierteste Zuhörer ans Ende der Geschichte kommen und wieder etwas anderes machen als zuhören oder lesen.

1 Übersetzung der Züricher Bibel (2007)

So muss der Geschichtenerzähler oder -schreiber den Spannungsbogen auflösen und zum Ende kommen, will er nicht irgendwann alleine dasitzen oder soll das Buch nicht so dick werden, dass es keiner zur Hand nimmt.

Märchen beginnen mit „Es war einmal..." und enden mit „...und wenn sie nicht gestorben sind, dann leben sie immer noch." Sie enden dann, wenn das Gute das Böse besiegt hat.

Die Geschichte von Abraham, seinen Söhnen, Enkeln und Urenkeln ist eine Familiengeschichte über vier Generationen. Familien haben es so an sich, dass sie auf die Dauer immer größer werden, selbst wenn man nur wenige Kinder hat. Da besteht die Gefahr, dass der Zuhörer bald nicht mehr in dem Familienstammbaum durchsieht? Von wem redet er jetzt? Wer ist nun gemeint? Vom Vater oder vom Sohn oder vom Enkel? So konzentriert sich die Erzählung im 1. Buch Mose auf jeweils eine Hauptperson unter den Geschwistern und erwähnt die anderen nur am Rande, eben auf Abraham, Isaak, Jakob und auf Josef, den Zweitjüngsten der zwölf Sohne Jakobs.

Wie endet eine Familiengeschichte im allgemeinen im Fernsehen heute? Doch wohl in der Regel mit einem Happyend. In wohl den meisten Geschichten werden Liebesgeschichten erzählt, die dann mit der Hochzeit den Spannungsbogen schließen. Aber wir wissen: Das Leben geht weiter. Das ist dann der Stoff für Serien und Romane mit Fortsetzungsbänden wie Harry Potter. Aber irgendwann geht dem Erzähler oder dem Leser auch dort die Luft oder der Stoff aus und werden auch diese Geschichten beendet. Oft geschieht dies, indem die Hauptperson stirbt.

So ist es in unserer heutigen Geschichte. Zuerst wird sehr ausführlich das Sterben und das Begräbnis des Jakob erzählt. Vor seinem Sterben segnet er seine Söhne und die Söhne des Josef. Er wünschte sich, in der Heimat begraben zu werden und seine Söhne erfüllten ihm diesen Wunsch. Nun sind sie zurück und bekommen es mit der Angst zu tun. Wird ihr Bruder Josef nun an ihnen Rache nehmen, dafür dass sie ihn in seiner Jugend als Sklaven nach Ägypten verkauft hatten? Doch sie haben nicht nur Angst, sie sind auch noch feige. Sie schieben ihren alten Vater vor, der sich nicht mehr wehren kann, weil er tot und begraben ist. Er habe gesagt, sie sollten zu Josef sagen: „Vergib doch deinen Brüdern ihre Missetat und Sünde, dass sie dir so übel mitgespielt haben." - und sie fügen hinzu: „So vergib uns nun unsere Missetat, da wir doch auch dem Gott deines Vaters dienen."

Das alles ließen die Brüder durch einen Boten ausrichten. Josef musste weinen, als er dies hörte, wird erzählt. Ist das nicht auch zum Weinen, liebe Gemeinde? Da kriegen es die Brüder nicht fertig, allein um Vergebung zu bitten! Sie haben offensichtlich nur Angst vor der Zukunft. Wirkliche Reue über ihre Tat scheinen sie nicht zu empfinden. So muss der verstorbene Vater herhalten für die Idee, um Entschuldigung zu bitten. Nach so vielen Jahren, nach all dem, was sie seitdem mit Josef, ihrem Bruder, erlebten und an Hilfe erfahren haben – und nach der gerade hinter ihnen liegenden Beerdigungsfeier! Da kann man doch wirklich nur weinen.

Das wird den Brüdern nun offensichtlich berichtet. Sie hatten jedenfalls keine Antwort auf ihre Bitte erhalten. So bekommen sie es nun erst recht mit der Angst. Sie kommen nun selbst zu Josef und fallen vor ihm auf die Knie. „Da nimm uns hin, als deine Knechte!". Wieder kriegen sie es nicht fertig, ihre Schuld zuzugeben und um Vergebung zu bitten. Sie fühlen sich nun verloren und bitten um ihr Leben. Und nun sagt Josef diesen berühmten Satz: *"Fürchtet euch nicht!... Ihr zwar gedachtet mir Böses zu, Gott aber gedachte es zum Guten zu wenden. Er hat getan, was jetzt am Tage ist, ein großes Volk am Leben zu erhalten."*

Josef versprach, weiter für sie zu sorgen, tröstete seine Brüder und redete freundlich mit ihnen. Damit ist unsere Geschichte eine der wenigen in der Bibel, die mit einem Happyend schließt. Doch es folgen noch fünf Sätze, in denen erzählt wird, dass Josef im Alter von 110 Jahren starb und vorher noch den Wunsch äußerte, wie sein Vater in der Heimat begraben zu werden, wenn Gott einst die Familie wieder zurück führen würde in das Land, das er Abraham versprochen hatte zu geben. So bleibt etwas in dieser Geschichte offen. D er Anfang für den neuen Spannungsbogen ist gelegt, der dann die Mose-Geschichte, die Herausführung aus Ägypten, umfasst.

Die Geschichte geht also weiter wie im wirklichen Leben von Generation zu Generation bis hin zu Jesus und den Aposteln, ja bis zu uns heute. Nur kann man die Geschichten unmöglich alle erzählen, die passiert sind. Dazu reicht die Zeit nicht. Und kein Mensch hat die Geduld, sie alle anzuhören. So ist die Zahl der Geschichten begrenzt, die es gut ist zu wissen und anzuhören. Es sind Geschichten, die uns helfen, die eigene Lebensgeschichte zu verstehen und zu deuten.

Unsere eigene Lebensgeschichte wird wie die des Jakob und des Josef mit unserem Tod enden. Und doch wird sie auch weitergehen über unseren Tod hinaus mit unserem Begräbnis. Dazu dürfen wir Wünsche äußern, aber wie sie erfüllt werden, das hängt von unseren Erben ab und von den äußeren Umständen, vom weiteren Gang der Weltgeschichte.

Am Ende unseres Lebens wird die Frage stehen, wie es mit unserer Familie weiter geht. Was wird aus den Konflikten, die wir nicht lösen konnten? Vielleicht oder besser gesagt, hoffentlich, wird das Wort „Danke“ auf den Lippen der Zurückgebliebenen liegen: „Danke, dass wir diesen Menschen kennen durften. Danke HERR, für unser gemeinsames Leben! Danke HERR, für die Errettung aus so großer Gefahr! Danke, dass wir Deine schützende und segnende Hand so oft spüren durften. Menschen gedachten Böses zu tun, Du Gott aber hast es für uns zum Guten gewendet. Du hast uns Gutes zugedacht! Danke Herr!“

Darum ist es gut, sich an Josef ein Beispiel zu nehmen. Er hätte ja auch verbittert über seine Brüder sein können. „Mensch“, hätte er sagen können: „Habt ihr denn immer noch nichts begriffen? Warum seid ihr so feige? Warum so uneinsichtig? Ist es so schlimm im Leben, zumal in der Jugend, einen großen Fehler gemacht zu haben? Warum könnt ihr das immer noch nicht zugeben und endlich um Vergebung bitten? Warum seid ihr solche seelischen Zwerge, dass ihr unseren alten Vater vorschieben müsst?“ Man könnte doch wirklich verzweifeln an diesen Leuten! Josef aber lässt sie so sein, wie sie sind. Er gibt sich keine Mühe, sie jetzt noch zu erziehen und aus ihnen bessere Menschen zu machen. Er lässt sie seelische Zwerge bleiben und sagt einfach:“Bin ich denn an Gottes Statt?“ und bleibt sich selber treu und unterstützt seine Brüder weiterhin wie zuvor, als der Vater noch lebte.

Daraus spricht viel Gelassenheit, - Gelassenheit, die uns heute immer so ans Herz gelegt wird. Die Menschen sind so, wie sie sind. Wir können sie nicht ändern. Wir können uns höchstens selber ändern. Und das macht uns schon äußerst große Mühe, auch wenn es sich nur um Kleinigkeiten handelt, zum Beispiel darum, was der Doktor uns um unserer Gesundheit willen rät zu tun oder zu unterlassen.

Die Gelassenheit des Josef in unserer Geschichte entstammt seiner Lebenserfahrung und dem daraus entstandenen Gottvertrauen. Die Menschen gedachten es böse zu machen, aber Gott gedachte es gut. Entscheidend, liebe Gemeinde, ist nicht, was wir Menschen planen, denken und tun. Entscheidend ist, was Gott mit uns vorhat.

Wer sich mit der Lebensgeschichte anderer Menschen beschäftigt oder beruflich, wie ich, damit zu tun hat, der weiß: Die Geschichte eines Menschen endet nicht mit seinem Begräbnis. Sie wirkt oft weit darüber hinaus bis auf die Generation seiner Enkel und Urenkel. Dann erst legt sich darüber das endgültige Vergessen, falls man nicht wie Goethe oder Schiller irgendetwas Besonderes hervorgebracht hat, für das sich auch Fremde interessieren,. Und was aus dem Werk dieser „Großen“ wird, das ist auch sehr zwiespältig und liegt nicht mehr in deren Hand. Ist es doch mehr wie ein Steinbruch, aus dem die Nachgeborenen das herausbrechen, was sie meinen, gebrauchen zu können.

Entscheidend, liebe Gemeinde ist, was Gott vorhat, nämlich das Gute – für uns und für alles Volk. So ist die Geschichte von Josef uns über drei Jahrtausende überliefert und macht uns Heutigen Mut, wahrhaftig zu sein und doch gelassen und voll Gottvertrauen.

Unsere heutigen Jubilare haben in ihrem bisherigen Leben Gottes schützende und stärkende Hand gespürt und möchten mit uns zusammen ihm dafür danken. Zwei Lieder haben sie sich gewünscht: „Lobe den Herren“ und „Danke für diesen guten Morgen.“. In einem Leben, das über sechs und mehr Jahrzehnte schon dauert, hat man viel erlebt und auch manch Trauriges und Schweres zu ertragen gehabt. Es war gut und ist gut zu wissen: Was auch kommen mag, entscheidend ist, was unser himmlischer Vater dazu sagt. Seine Gedanken meinen es gut mit uns und wenn andere Böses mit uns vorhaben, kann er es zum Guten wenden, jetzt und einst, wenn wir uns gar nicht mehr dazu äußern können. Er wacht über uns, unserem Erbe und unseren Erben und schenkt uns Zukunft, - die schönste Zukunft, die wir uns denken können und noch viel mehr! Er erhalte uns das Wissen darüber. Amen.

24. Juli 2011

Der Erlöser – unser Auslöser

Predigt am 2. Advent über Jesaja 63,15-64,3

Der Prophet ruft Gott:

„Schau herab vom Himmel und sieh herab von der Wohnung deiner Heiligkeit und deiner Herrlichkeit! Wo sind dein Eifer und deine Kraft? Das Aufwallen deiner Gefühle und dein Erbarmen - mir hast du es nicht gezeigt. Du bist doch unser Vater! Abraham hat nichts von uns gewusst, und Israel kennt uns nicht. Du, HERR, bist unser Vater, unser Erlöser seit uralten Zeiten ist dein Name." [1]

Liebe Gemeinde,

was bedeutet das Wort „Erlöser" eigentlich?

Zu Grunde liegt diesem Wort die Vorstellung, dass Schulden machen sehr schlecht ist. Es wird also dabei an Geld gedacht, an das Geld, das ein Mensch nicht hat, aber eigentlich haben müsste, um das zu bezahlen, was er verbraucht hat.

Schulden machte man in früheren Zeiten nur, wenn es um´s Überleben ging, also in Notzeiten durch Missernten, Krankheiten oder Krieg. Dass man Schulden machen musste, war also in der Regel nicht die Folge des eigenen Verschuldens, nicht von Faulheit und nicht, weil man sich etwas leistete, was man nicht in der Lage war, gleich zu bezahlen.

Die Folge von Schulden, die man nicht bezahlen konnte, war oft, dass man als Bauer sein Land veräußern musste und damit seine Lebensgrundlage verlor. Dann dauerte es oft nicht lange, dass man gezwungen war, auch sich selbst und seine Angehörigen als Sklaven zu verkaufen. Menschen waren damals noch etwas wert. So fanden sich auch Käufer für Kinder und alte Menschen. Ihre Arbeitskraft wurde gebraucht.

Und doch war die Freiheit ein hohes Gut und der Erhalt der Selbständigkeit der Familie. Deshalb war der nächste Angehörige verpflichtet, so es ihm eben möglich war, den Verwandten wieder freizukaufen, ihn auszulösen. Dadurch wurde er zu seinen „Erlöser", zu seinem Freikäufer.

1 Übersetzung der Züricher Bibel (2007)

Als solch ein nächster Verwandter wird Gott vom Propheten angesprochen, als der Vater, der vom Gesetz her verpflichtet ist, sein Kind vom Gläubiger freizukaufen.

Nicht nur hier begegnet uns diese Vorstellung, sondern auch im Zusammenhang mit Jesu Tod. Er hat mit seinem Leben für unsere Schulden „bezahlt", heißt es. Er habe den gegen uns lautenden Schuldschein ans Kreuz geheftet und uns erlöst, ausgelöst mit dem Wert seines eigenen Lebens. Er hat sich damit als unser nächster Verwandter erwiesen.

Gott wird also schon vom Propheten Jesaja, rund 500 Jahre vor Jesus so angeredet und dann (in den Versen 17-19) gefragt:
„Warum, HERR, lässt du uns umherirren, fern von deinen Wegen, verhärtest unser Herz, so dass wir dich nicht fürchten? Kehre zurück um deiner Diener, um der Stämme deines Erbbesitzes willen. Warum schreiten die Gottlosen durch deinen Tempel, dein Heiligtum haben unsere Feinde zertreten? Wir sind wie die geworden, über die du nie geherrscht hast, über denen dein Name nicht ausgerufen wurde." [1]

Auch wenn ein Verwandter von der Tradition her verpflichtet ist, uns freizukaufen, so ist doch die normale Erwartung, dass der Freigekaufte seinem Auslöser dafür dankbar ist und nun alles, tut, um nicht wiederum Schulden anzuhäufen.

Aber, liebe Gemeinde, wir kennen alle auch Menschen, die immer wieder Schulden machen, nicht nur, um mit den neuen Schulden die Gläubiger der alten zufrieden zu stellen und also ein Loch mit dem anderen zu stopfen. Es gibt ja auch Leute, die kümmern sich nicht um ihre Schulden und denken gar nicht daran, sie wieder zurückzuzahlen. Sie genießen ihr Leben und wenn ihnen dafür etwas fehlt, dann erzählen sie einem mitleidigem Herzen eine traurige Geschichte, die sich angeblich nur durch Geld regeln lasse und kommen so an Geld für ihr neuestes Unternehmen. An Zurückzahlen war dabei nie gedacht, auch wenn es natürlich hoch und heilig versprochen wird.

Wenn dies nun in der Verwandtschaft passiert, wie reagiert dann der zur „Auslösung" verpflichtete Vater /Bruder? Einmal hat er geholfen als es wirklich ein Notfall war, aber nun jedes leichtsinnige Vergnügen zu finanzieren, dazu ist wohl niemand bereit. Stattdessen wird man als Verwandter oder Freund sauer werden und mit jenem Menschen nichts mehr zu tun haben wollen, der nur kommt, wenn er Geld braucht.

---

1 Übersetzung der Züricher Bibel (2007)

Genauso deutet der Prophet das Schweigen Gottes, dass Gott sich nicht einmischt in unser menschliches Tun, sondern sich zurückgezogen hat, als gäbe es ihn nicht. Gott ist für ihn zornig, sehr zornig über das, was sein Volk so treibt. Auch der Prophet ist entsetzt, was sich im Volk und sogar im Tempel, in Gottes Heiligtum, abspielt. So ruft er ihn:

„O dass du den Himmel zerrissest und führest herab, dass vor dir die Berge erbebten, wie Feuer Reisig entzündet, wie Feuer Wasser zum Aufwallen bringt, um deinen Name bekannt zu machen bei deinen Feinden.
Die Nationen zittern vor dir, wenn du wunderbare Dinge tust, auf die wir nicht zu hoffen wagen.
Wenn du herabsteigst, beben die Berge vor dir. Und nie zuvor hat man davon gehört, nie haben wir davon gehört: Kein Auge hat je einen Gott außer dir gesehen, der solches tut für die, die auf ihn warten." [2]

Furcht soll über die Menschen kommen, die so leichtsinnig seine Güte und sein Erbarmen ausgenutzt haben. Sie sollen zittern. Wie kann es sein, dass jemand so schamlos einen anderen ausnutzt, der es gut mit ihm meint? Nein, er soll das Fürchten lernen – im Sinne der Ehrfurcht vor der Liebe und dem Sorgen des Auslösers für das Wohlergehen seiner Verwandten.

Liebe Gemeinde, heute und schon seit Jahren wird oft gefragt: „Warum lässt Gott das alles zu?" Und dann wird sehr oft der Schluss gezogen: Es gibt ihn nicht, sonst würde er sich doch bemerkbar machen. Kaum jemand kommt heute auf die Idee, dass Gott zornig auf uns Menschen sein könnte und sich deshalb zurückgezogen hat und uns allein machen lässt.

Das mag daran liegen, dass unser Verhältnis zum Schulden machen ein anderes geworden ist. Ich erinnere mich noch, wie mein Großvater den Kopf über seine erwachsenen Kinder schüttelte, die Schulden machten, um ein Haus zu bauen. Er selbst hatte auch nach dem Krieg eins gebaut, weil das Mietshaus, in dem die Familie gewohnt hatte, zerbombt war. Trotzdem stand für ihn fest: Man baut erst, wenn man das Geld dafür zusammen hat. Schulden werden nur im äußersten Notfall gemacht. Die Verwandtschaft im Westen war anderer Meinung: Jeder sei dumm, der keine Schulden macht. Es zahlt sich in ein paar Jahren aus, wenn man keine Miete mehr bezahlen muss. Inzwischen ist das Schulden machen so leicht

---

2 Übersetzung der Züricher Bibel (1931)

geworden, dass man selbst teures Spielzeug bekommen kann, ohne etwas anzuzahlen, nur für einen Schuldschein. Entsprechend hoch verschuldet sind viele Menschen – und wo vor allem, das war vor kurzem in der Zeitung zu sehen, dort, wo man in den letzten 20 Jahren auf den Gedanken hereinfiel „Jeder ist dumm, der das Leben nicht sofort genießt, sondern wartet, bis er das Geld dafür zusammen hat. Ich lebe jetzt und hier. Was geht mich das Morgen an? Da weiß ich so wieso nicht, was kommt." Das Gebiet der ehemaligen DDR hob sich gut erkennbar in der Schuldenkarte hervor.

Zur Zeit des Propheten Jesaja wusste man noch: Es ist wichtig, dass der Schuldenberg nicht in das Unendliche wächst. Schulden müssen bezahlt werden. Zur Not mit meinem ganzen Besitz, einschließlich meiner eigenen Person und Familie. Aber wie gesagt, damals war der Mensch noch etwas wert. Wer ist heute bereit für mich zu zahlen? Da muss ich schon ein sehr guter und gefragter Spezialist sein. Den Normalbürger will nur jemand haben, wenn der zusätzlich noch Geld mitbringt: Fördergelder, Steuererleichterungen, Pflegegeld oder ähnliches.

So verstehen wir auch Gott nicht mehr und auch nicht mehr, dass Jesus unser Erlöser ist. Nicht durch Privatinsolvenz sollen wir erlöst werden, sondern durch Gott, unseren himmlischen Vater sind wir erlöst, weil wir ihm als seine Kinder so viel wert sind. **Er** ist unser nächster Verwandter – nicht die Affen, nicht die Neandertaler.

Als unser Vater hat er auch Erwartungen an uns und wenn wir diese Erwartungen nicht erfüllen, müssen wir damit rechnen, dass er böse mit uns ist. Wenn er das nun mit uns Menschen ist, ist es vielleicht gut für uns, dass er sich zurückzieht und sein Donnerwetter für sich behält? Warum ruft ihn dann der Prophet:
„Reiß die Himmel auf und komm herab, dass die Berge erbeben...Komm wie ein Feuer, dass deine Feinde erzittern!"?

Der Prophet sieht, was unter den Menschen los ist, wenn sie nicht wissen oder wissen wollen, dass Gott ihr Vater ist. Treue ist dann ein Fremdwort unter ihnen, genauso wie vertrauen, Güte, Barmherzigkeit, Sanftmut, Geduld... Liebe wird nur noch als Sex verstanden. Das Hier und Jetzt ist alles. Verantwortung für die kommende Genrationen wird nicht praktiziert. Kindern erlaubt man erst gar nicht geboren zu werden.

Der Prophet erinnert Gott daran: „Wir sind deine Kinder. Abraham, den wir unseren Vater nennen, der weiß gar nicht, das wir da sind. Der ist doch schon viel zu lange tot. Du Gott, Du bist unser Vater. Darum sei ruhig streng mit uns, wenn wir dich vergessen und eigene Wege gehen. Lehre uns das Fürchten, damit wir wieder lernen in deinem Sinne zu leben und unser Wortschatz sich nicht mehr nur um das Wort 'Geld' dreht. Lass uns die wahren Werte wieder erkennen, das, was uns mit dir verbindet, mit Dir unserem himmlischen Vater."

Liebe Gemeinde, die Adventszeit ist eine Fasten- und Bußzeit in Vorbereitung auf Gottes Kommen in unsere Welt. Er kommt als unser nächster Verwandter! Lassen wir ihn ein in unsere kleine Welt?

Nehmen wir ihn an oder wollen wir von ihm nichts wissen? Oder rufen wir gar wie der Prophet: „Komm in unsere Welt und zeige Dich, dass Du unser Vater bist und lehre uns wieder die Ehrfurcht vor dem Göttlichen – in uns – und in Dir!" Amen.

4. Dezember 2011

Ist die Auferstehung notwendig?

Predigt am Ostermontag zu 1. Korinther 15, 12 – 20

„Wenn aber verkündigt wird, dass Christus von den Toten auferweckt worden ist, wie können dann einige unter euch sagen, es gebe keine Auferstehung der Toten? Wenn es keine Auferstehung der Toten gibt, dann ist auch Christus nicht auferweckt worden. Ist aber Christus nicht auferweckt worden, so ist unsere Verkündigung leer, leer auch euer Glaube. Wir stehen dann auch als falsche Zeugen Gottes da, weil wir gegen Gott ausgesagt haben, er habe Christus auferweckt, den er gar nicht auferweckt hat, wenn doch Tote nicht auferweckt werden. Wenn Tote nämlich nicht auferweckt werden, dann ist auch Christus nicht auferweckt worden. Ist aber Christus nicht auferweckt worden, dann ist euer Glaube nichtig, dann seid ihr noch in euren Sünden, also sind auch die in Christus Entschlafenen verloren. Wenn wir allein für dieses Leben unsere Hoffnung auf Christus gesetzt haben, dann sind wir erbärmlicher dran als alle anderen Menschen.
Nun aber ist Christus von den Toten auferweckt worden, als Erstling derer, die entschlafen sind.“ [1]

Liebe Gemeinde,

Paulus argumentiert hier vom Allgemeinen zum Besonderen, von der Möglichkeit einer Auferstehung an sich, hin zur Möglichkeit der Auferstehung Jesu. Denn Christen in Korinth behaupteten, die Auferstehung gäbe es nicht. Das mutet uns sehr modern an, gibt es doch auch heute nicht wenige unter uns, die mit der Vorstellung von der Auferstehung ihre Schwierigkeiten haben.

„Jesus – ja, das war ein guter Mann. Die Kirche – auch hier wird viel Gutes getan, dafür gebe ich gern etwas“, habe ich schon oft gehört, „Aber das Thema Tod lassen wir mal lieber beiseite. Der kommt noch früh genug. Jetzt wollen wir erst mal leben. Wenn es dann nach dem Tod noch eine Auferstehung geben sollte, hab‘ ich nichts dagegen. Aber dafür gibt es ja doch keinen Beweis.“

---

1 Übersetzung der Züricher Bibel (2007)

Andere werden dann einwenden: „Wozu glaube ich dann an Gott?“ Doch wir müssen zugeben, ein Glaube an einen Gott oder an Götter ist auch ohne die Vorstellung von einem ewigen Leben möglich. Dafür waren schon die Griechen, aber auch die Juden ein Beispiel. Götter beeinflussten für die Griechen und andere Völker unser Schicksal und es war gut, sie zu besänftigen und durch Opfer und Verehrung freundlich zu stimmen. Dann konnte man darauf hoffen, dass sie die eigenen Wünsche und Bitten erfüllen würden.

Bei den Juden dagegen zählte das Volk. Seine Erhaltung und Weiterexistenz war wichtig. Über das Schicksal des Einzelnen dachte man weniger nach. Ein langes Leben, das war das Ziel und dann lebenssatt sich zu den Vätern im Reich der Toten zu legen. Wichtig für ein gelingendes Leben war der Gehorsam gegenüber Gottes Geboten.An Gott oder Götter zu glauben, ist und war also durchaus auch ohne die Vorstellung von einem Leben in einer anderen Welt möglich.

Ja – und umgekehrt ist es auch möglich, ein Leben nach dem Tode zu erwarten, ohne dass ein Gott etwas damit zu tun hat. Die Aufklärer zur Zeit des 18. Jahrhunderts waren z. B. so von den Fähigkeiten der menschlichen Vernunft überzeugt, dass sie sich gar nicht vorstellen konnten, dass durch den Tod einmal alles zu Ende sei. Sie meinten, dass sich die Menschen natürlich auch im jenseitigen Leben noch weiterentwickeln und viel Gutes hervorbringen würden. Ja – und Jesus – Ostern, das war eigentlich gar nicht nötig – und seine Kreuzigung erst recht nicht. Das wirkte alles sehr archaisch auf sie: ein Gott, der Opfer brauchte. Darüber war man sehr erhaben. Auch heute erheben sich wieder solche Stimmen spöttisch: “An so etwas könne doch kein normaler Mensch glauben.“

Auch für Paulus hing von der Möglichkeit der Auferstehung der Toten nicht der Glaube an Gott ab. Für ihn hing davon ab, was er selbst tat, nämlich von der Auferstehung Jesu zu erzählen und Gemeinden zu gründen, die Jesus als Herrn dieser Welt verehrten.

„Wenn Jesus nicht auferstanden ist,“ sagte Paulus, *„dann bin ich ein Lügner, der von Gott etwas bezeugt, was er gar nicht getan hat.“*

Persönlich würde sich für Paulus außerdem ergeben, dass er Luftblasen von sich gibt, Wahnvorstellungen verbreitet, die nichts bewirken können, weil sie ohne Kraft sind und ohne Nutzen, ohne Wahrheit. Mit so einem leeren, nichtigen Geschwätz könnte man auch nicht hoffen, irgendwelche Erfolge zu haben.

Und schließlich sagt er: „*...wir wären noch in unseren Sünden*". Dies ist ein Satz, der mich am meisten aufhorchen lässt. Was hat die Auferstehung Jesu mit unseren Sünden zu tun? Karfreitag haben wir über unsere Schuld nachgedacht, da wurde uns Menschen der Spiegel vorgehalten, zu was wir fähig sind.

Für Paulus aber waren Tod und Auferstehung eins. Er feierte noch nicht Karfreitag und Ostern getrennt, sondern beides zusammen in jedem Gottesdienst. „Christus ist für unsere Sünden gestorben und auferweckt um unserer Gerechtigkeit willen, damit wir mit ihm leben – jetzt und einst bei ihm in seinem Reich."

Ich bin durch Jesus nicht mehr nur aus dem moralischen Minusbereich durch seine Vergebung auf dem Kontostand „0" angelangt, sondern ich befinde mich auf der Plus-Seite.Ohne die Auferstehung Jesu ist das für Paulus nicht denkbar. Und die Auferstehung wiederum ist nur denkbar, wenn Jesus wirklich tot war und nicht etwa nur scheintot. Darum betonen wir in unserem Glaubensbekenntnis, dass Jesus hinabgestiegen ist ins Reich der Toten und dass er begraben war.

Ohne Jesu Tod ist zwar eine Himmelfahrt, wie die des Propheten Elia, denkbar, eine direkte Aufnahme in die Welt Gottes, wie sie die Muslime von Jesus erzählen, aber nicht, dass wir – als mit Schuld beladene Menschen – der Auferstehung teilhaftig werden.

Paulus hatte die ersten christlichen Gemeinden zuerst als neuartige Sekte bekämpft und verfolgt. Erst durch die Begegnung mit Jesus als dem Auferstandenen hatte er sein Leben grundlegend geändert. Was er zuerst verfolgt hatte, propagierte er nun selbst. Er verschwieg aber nie, dass er eine solche Wende in seinem Leben genommen hat. Er hat die Kraft gespürt, die von Jesus ausging, und hat sich von ihr bewegen lassen.So war für ihn seine Botschaft alles andere als kraftlos und leer. Erlebte er doch, wie sie Menschen – wie ihn selbst – bewegte, ihr Leben zu ändern, wie Gemeinschaft dort entstand, wo sie bisher undenkbar war – zwischen Juden und Griechen und Menschen anderer Völker, Gebildeten und Analphabeten, Reichen und Armen, Sklaven und Herren. Rasant schnell breitete sich die Bewegung aus, sogar in Rom gab es eine Gemeinde. Man tauschte Briefe aus, besuchte sich, sammelte Geld, um in Not Geratenen zu helfen, und redete sich gegenseitig als Bruder und Schwester an.

Doch das alles war nicht einfach eine euphorische Bewegung, ein Feuer der Begeisterung, das aufloderte und schnell wieder verlosch, wie es Moden an sich haben. Kraft zeigte diese Botschaft vor allem auch in inneren Zwistigkeiten und bei äußerer Ablehnung und Bedrohung. Nichts konnte Paulus und seine Mitapostel davon abhalten, den Mund aufzutun und nicht mehr von Jesus und seiner Auferstehung zu erzählen: von Jesus, der von Gott zum Herrn dieser Welt geworden war und es eigentlich schon immer war. Dagegen hatte kein anderer Mächtiger mehr eine Chance für Paulus. Alle anderen Herren dieser Welt waren Jesus untergeordnet, ob sie es nun wussten oder nicht. Und „wir", schrieb er, er selbst und die anderen Christen, gehörten zu Jesus, in diese andere Welt, auch wenn sie jetzt noch hier auf dieser Erde waren.

Christen leben in der Welt und sind doch nicht von dieser Welt – mit dem Herzen und unserem ganzen Denken sind wir für Paulus „Außerirdische". Es gibt ja jede Menge von Filmen darüber, was passieren würde, wenn Außerirdische unsere Erde besuchen: lustige Filme, Filme mit viel Brutalität, Action, Kampf. Für Paulus hat nur ein einziger Außer-irdischer unsere Welt besucht, nämlich Jesus, und er hat uns nicht nur eine Lehre über ein besseres Leben hier gelassen, sondern Energie, Kraft und Liebe – die Energie, Dynamik und Stärke, die in der Liebe steckt. Alles, was uns aus unserem früheren Leben belastet, alles, was uns schwach macht, das dürfen wir uns von Jesus abnehmen lassen, denn Jesus hat es ans Kreuz genagelt. Da – am Kreuz hängt es. Es ist weg!

Für Paulus ist der Tod Jesu Ausdruck seiner Liebe zu uns, ist doch für uns Menschen anstelle eines anderen zu sterben das Größte und Teuerste, was ich einem anderen geben kann.

Wenn ich so geliebt werde, dass ein anderer sogar sein Leben für mich geben würde, dann fühle ich, wie wertvoll ich für ihn bin – und dann wird er mir auch alles andere, was er besitzt, gerne schenken. Wer einen Menschen wirklich liebt, der überlegt nicht lange, wenn es zu handeln gilt, selbst wenn das eigene Leben dabei auf dem Spiel steht. Wir haben es selbst erlebt und hier im Raum an einen Vater gedacht, der sein Kind retten wollte, als es beim Baden in der Ostsee von der Strömung erfasst wurde. Er rettete das Kind und starb dann selbst. Welche Eltern zögern, eine Niere für ihr Kind zu spenden, wenn sie ihm dadurch das Leben retten können?

So ist Karfreitag das Bild der Liebe Gottes zu uns, seiner Liebe zu uns, nicht, weil wir so tolle Leute sind, die so viel Großes auf die Beine gestellt haben. Nein, er liebt uns trotz all dessen, was wir nicht zustande bekommen haben. Dadurch wird seine Liebe zu uns als noch größer empfunden – und auch all das, was Gott uns durch die Auferstehung schenken will. Wir sind durch Jesu Tod zu Erben geworden, heißt es, zu Erben des himmlischen Lebens.

Wenn jemand stirbt, ist man traurig, wenn wir etwas erben, freuen wir uns im Allgemeinen. So wird das Bild des Todes Jesu genutzt, um davon etwas Positives in jeder Weise abzuleiten:

- Uns werden von Gott unsere Schulden erlassen, weil Jesus am Kreuz dafür bezahlt hat. Wir sind nun freie, unbelastete Menschen, egal, was vorher war, und sind so fähig, in Gottes Reich zu leben.
- Wir sind Erben des himmlischen Lebens.
- Wir kennen nun auch unseren Weg. Jesus ist ihn uns vorausgegangen: Er führt durch den Tod zum Leben.

Wenn jetzt also jemand behauptet, die Auferstehung wäre nicht so wichtig, dann wäre die Geschichte Jesu mit seinem grausamen Tod am Kreuz zu Ende gewesen. Es wäre die Geschichte eines Scheiterns angesichts der Übermacht der Römer und der Feigheit der eigenen Leute.

Von Liebe würden wir nicht reden, von Hoffnung für unser ganz persönliches Leben auch nicht. Es gäbe kein Evangelium, keine gute Nachricht von Jesus für Menschen aller Völker und wir säßen nicht hier. Warum meinen aber immer noch etliche unter uns: „Das mit der Auferstehung – na ja, da komm' ich nicht mit."? Wir können uns trösten. Selbst die, die Jesus als den Auferstandenen sahen, zweifelten und meinten, ein Gespenst zu sehen.

Aber ist es bei uns heute nicht vielmehr die Scheu, sich mit unserem eigenen möglichen Ende hier auf dieser Welt auseinander setzen zu müssen?

Als moderne Menschen haben wir die Wahl, uns auf die Freuden und Leiden einer alternden Gesellschaft einzustellen und rechtzeitig Vorsorge zu treffen. Je älter wir werden, werden wir uns ganz allmählich immer mehr nur noch mit diesem Thema beschäftigen. Eine traurige Aussicht!

Oder wir werden uns zu freuen – egal, wie alt wir sind, auf unser Erbe im Himmel – im Reich der Liebe – in der Gemeinschaft mit Menschen aller Völker und Zeiten. Ich, ich freue mich schon jetzt darauf. Der Abschied von hier wird nicht so schwer werden, wenn wir alle sicher sind: Wir sehen uns wieder. Dort bei ihm! Amen.

5. April 2010

Advent als Zeit der Umkehr

Predigt am 2. Advent über Jakobusbrief 5,7-8:

„So harret nun geduldig ihr Brüder, bis zur Wiederkunft des HERRN! Siehe, der Landmann wartet auf die köstliche Frucht der Erde und harrt geduldig ihrethalben bis sie Herbstregen und Frühjahrsregen empfange. So harrt auch ihr geduldig, stärket eure Herzen, denn die Wiederkunft des HERRN ist genaht.“ [1]

Liebe Gemeinde,

was bedeutet Advent für uns? Eine schöne Zeit, in der wir es uns gemütlich machen mit Kerzen und schöner Musik. Auch draußen ist es schön – dort, wo Lichter die Fenster und Straßen erleuchten und Märkte einladen zum Gucken und Kaufen mit vielen schönen Handwerksangeboten, mit Glühwein und Bratwurst, mit Zuckerwatte, kandierten Äpfeln und gerösteten Mandeln. Plätzchen backen gehört für mich dazu – auch wenn es mehr als genug Leckeres zu kaufen gibt. Zu Adventsfeiern laden wir ein – so am nächsten Sonnabend ...

Besuche sind wichtig bei Verwandten und Freunden und natürlich die Vorbereitungen für's Fest: Karten werden geschrieben, Geschenke besorgt. Nikolaus gehört dazu – und heute ist Nikolaus. Wer hat heute etwas vorgefunden in seinem Stiefel oder Schuh? Wer hat etwas hineingelegt?

Wir haben als Gemeinde heute ein ganz besonderes Geschenk – wir dürfen den Flügel, der bisher in der Barmherzigkeits-Gemeinde stand und Eigentum von Frau Sch. ist, einweihen. Geschenkt wird uns heute auch die besonders schöne musikalische Ausgestaltung unseres Gottesdienstes. So gehen wir zu auf das Weihnachtsfest, auf den Heiligen Abend, auf die Festzeit zwischen Weihnachten und Neujahr.

Gerade, weil diese Zeit so schön immer war, ist sie für manch einen unter uns eine traurige Zeit. Ein geliebter Mensch, mit dem wir immer dieses Fest zusammen gefeiert haben, ist nicht mehr bei uns. So denken wir mit klammem Gefühl an jene Tage. Wie sollen wir sie nur überstehen? Die Bilder vergangener Jahre werden uns vor Augen stehen und die Einsamkeit spüren lassen, den Wandel im Menschenleben, Trauer und Schmerz. Advent hat in unseren Kirchen die Farbe

---

1 Übersetzung der Züricher- Bibel (1931)

violett – die Farbe der Buße, des Fastens, des Nachdenkens. Advent ist die Zeit des Wartens auf das Kommen Gottes in unsere Welt – zum Gericht!

Morgen beginnt in Kopenhagen die Weltklimakonferenz – und eine Beilage der Berliner Zeitung jetzt am Wochenende dazu ist überschrieben mit den Worten: „Sind wir noch zu retten?" Ja, wir sind es, ist die Antwort. Die Erderwärmung kann noch auf einem niedrigen Niveau gehalten werden, wenn wir ...[1]

Jeder von uns hat Anteil am hohen Energieverbrauch und CO_2-Austausch und jeder von uns kann etwas tun, aber entscheidend wird sein, wie sich die 192 versammelten Staaten einigen und vor allem die großen unter ihnen Entscheidendes tun zur Rettung unserer Welt. Ich denke, es ist kein Zufall, dass diese Konferenz in der Adventszeit stattfindet. Noch ist es Zeit umzukehren, noch kann das größte Unheil verhindert werden.

Wenn wir wie heute den Jakobusbrief lesen, so ist er aktuell, wie schon vor 1.900 Jahren. Nach der großen Finanzkrise des letzten Jahres scheint sich die Wirtschaft zu erholen. Entwarnung ist zwar noch nicht gegeben und die Kanzlerin redet von einem schwierigen Jahr, aber dann gehe es wieder bergauf.

Jakobus wechselt von seinem scharfen Urteil gegen die Reichen scheinbar ganz unvermittelt in die Idylle des Bauern. Der Bauer braucht Geduld, muss nach dem Säen den Regen abwarten, bis er im Herbst die Ernte einfahren kann. An seiner Geduld sollen wir uns ein Beispiel nehmen im Warten auf unseren Herrn zum Gericht.

„Warten" heißt im Griechischen „makro thymia" - „langer Zorn", „großer Zorn". Selbst, wenn das Wort wirklich „warten" bedeutete, wie es der Zusammenhang mit dem Bauern nahelegt, hörte jeder darin diese Worte - „makro", das verstehen sogar wir – und „Zorn". Denken wir an die Geschichte von Jona, der nach Ninive ging, um den Menschen dort den Untergang ihrer Stadt anzusagen, weil ihre Bosheit Gottes Zorn erregt hatte. Sie aber nahmen sich die Rede des Jona zu Herzen, der König ließ ein Fasten ausrufen und die Menschen begannen ein anderes Leben. Gott zerstörte die Stadt nicht. So ist jede Adventszeit ein Ruf zur Buße, zur Umkehr, zum Hören auf Gottes Wort.

Für die Menschen aber, denen ihr versprochener Lohn nicht ausgezahlt wird, bedeutet Advent: Aufatmen. Das Unrecht ist nicht alles. Es gibt einen Richter und er steht vor der Tür. Gott selbst tritt für mich ein und steht auf meiner Seite. Advent –

1 Berliner Zeitung vom 5.12.2009, Magazinbeilage

das ist auch der Aufschrei derer, die nicht auf ein fröhliches Weihnachtsfest hoffen können – und so sind wir, denen es gut geht, aufgerufen, uns um zu sehen: Wer braucht Hilfe? Wer braucht mich? Wer braucht uns?

Es ist ein schöner Brauch, am Heiligen Abend nicht nur Geschenke vorzubereiten für die eigene Familie, sondern auch einen Gruß für Menschen, die an diesem Tag arbeiten müssen, wie z. B. die Straßenbahnfahrer, oder ein Päckchen jemandem heimlich vor die Tür zu legen, der mit ziemlicher Sicherheit nichts geschenkt bekommt. Ich weiß von jungen Menschen, die in die Wärmestuben gehen– wie in die von der Berliner Stadtmission – und den Obdachlosen unserer Stadt helfen – durch Gespräche und gemeinsames Feiern. Andere wieder laden zu sich nach Hause ein. Niemand soll traurig sein, niemand soll sich einsam fühlen. Für mich waren das die schönsten Weihnachtsfeste.

So heißt Advent, mit dem Zorn Gottes über das Unrecht in der Welt, über den Krieg und die Zerstörung der Natur zu rechnen, Schlussfolgerungen daraus zu ziehen und unser bisheriges Verhalten zu ändern – so, wie in Ninive. Nur so können wir uns erhobenen Hauptes vorbereiten auf das Kommen unseres Herrn in der Welt!

Viele Menschen haben das Gefühl heute: So geht es nicht weiter! Ein Film läuft gerade in den Kinos „2012“.[1] Vorstellbar ist es heute - das Weltende. Für uns aber heißt es: „Erhebt eure Häupter, denn unsere Erlösung naht. Ja, komm, Herr Jesu, komm! Komm auch zu uns.“ Amen.

6. Dezember 2009

1 2012, Film des Regisseurs Roland Emmrich, USA 2009

Gottesliebe und die Liebe zu den Geschwistern

Predigt über 1. Johannes 4, 7 – 12:

Geliebte, lasst uns einander lieben, denn die Liebe ist aus Gott, und jeder, der liebt, ist aus Gott gezeugt und erkennt Gott. Wer nicht liebt, hat Gott nicht erkannt; denn Gott ist Liebe. Darin ist die Liebe Gottes zu uns offenbar geworden, dass Gott seinen einzigen Sohn in die Welt gesandt hat, damit wir durch ihn leben. Darin besteht die Liebe, nicht dass wir Gott geliebt haben, sondern dass er uns geliebt und seinen Sohn als Sühneopfer für unsere Sünden gesandt hat. Geliebte, wenn Gott uns so geliebt hat, sind auch wir verpflichtet, einander zu lieben. Niemand hat Gott jemals geschaut: wenn wir einander lieben, bleibt Gott in uns, und seine Liebe ist in uns vollendet. [1]

Liebe Gemeinde, in der ersten Klasse haben wir alle einst gelernt, bis zehn zu zählen und zu rechnen. Als ich in die Berufsschule kam, hatten wir das Fach EDV und ich erfuhr, dass man genauso gut auch nur mit zwei Zahlen rechnen kann und ich lernte, dass man auch mit anderen Systemen schon gerechnet hat, wie z. B. mit dem Zwölfer-System. Das hat mir eine ganz neue Welt des Denkens aufgeschlossen. Bei genauem Hinsehen und Hinhören war in unserem Alltag zu erkennen, dass auch bei uns einst andere Rechensysteme üblich waren. Da sprachen wir vom Sechser, wenn wir 5 Pfennige in der Hand hatten. Da gab es das Dutzend und so manches mehr. Ja, und nun sollten wir mit nur zwei Zahlen rechnen und es ging tatsächlich, erforderte nur etwas mehr Schreiberei. L und O hießen diese Zahlen: Ja und Nein. Die Zahlen waren lange Ketten von Entscheidungen: Hier lang oder dort lang? Ja oder Nein? Mehr Möglichkeiten gab es nicht. Um daraus etwas Vernünftiges zu machen, gab es riesige Rechenzentren. Inzwischen hat man die so verkleinert, dass sie in ein Handy passen, aber das System des Rechnens ist dasselbe geblieben. Wir sprechen vom digitalen Zeitalter, dem Zeitalter, in dem alles auf der Alternative von zwei Zahlen beruht, auf dem Gegensatz von Ja und Nein. Von dieser ständig wiederholten Grundentscheidung aus sehen wir heute im Computer Filme, telefonieren, hören uns Vorträge an und vieles mehr.

Jesus hat uns auch vor so eine Grundentscheidung gestellt – Gott oder Mammon, eines geht nur: Gott oder die Herrschaft des Geldes in meinem Leben.Beim Computer heißt die erste Grundentscheidung: An oder aus. On oder out / off. Bei uns heißt sie Gott = „An“ – dann läuft das Leben an, denn aus Gott kommt das

1 Übersetzung der Züricher Bibel (1931)

Leben.Wähle ich Mammon – „Out“ –, dann läuft im Grunde nichts, dann wähle ich das Gegenteil von Leben – den Tod.

Aber beim digitalen Rechnen muss ich immer wieder diese Entscheidung treffen: Ja oder Nein, links oder rechts, an oder aus – es gibt keine Kreuzungen, wo es auch geradeaus geht oder an denen es noch mehr Auswahlmöglichkeiten gibt.

Und so muss ich immer wieder im Leben die Entscheidung fällen: Bleibe ich beim Ja zu Gott oder wähle ich auch mal die Null und sage ja zum Mammon und komme dadurch vom geraden Weg ab. Dann gelange ich trotz meiner Grundentscheidung am Anfang für Gott doch auf die Seite des Mammons – der Null – wo es nicht weitergeht und der Tod droht.

Liebe Gemeinde, nach diesem Schema denkt und schreibt Johannes in seinem Brief: Für ihn gibt es die Seite des Guten – d. h. Gott, die Liebe, das Licht, das Leben, das ewige Leben. Und auf der anderen Seite ist die Finsternis, die Welt, der Tod, die Sünde, der Hass. Johannes möchte natürlich, dass wir, seine Leser, uns für das Licht und das Leben entscheiden. Im heutigen Predigttext, einem Abschnitt aus dem 4. Kapitel, ist dieses digitale Denken erkennbar, aber Johannes weitet es und nimmt noch mehr Faktoren hinzu, denkt also komplizierter.

„Geliebte, lasst uns einander lieben, denn die Liebe ist aus Gott, und jeder, der liebt, ist aus Gott gezeugt und erkennt Gott. Wer nicht liebt, hat Gott nicht erkannt; denn Gott ist Liebe. Darin ist die Liebe Gottes zu uns offenbar geworden, dass Gott seinen einzigen Sohn in die Welt gesandt hat, damit wir durch ihn leben. Darin besteht die Liebe, nicht dass wir Gott geliebt haben, sondern dass er uns geliebt und seinen Sohn als Sühneopfer für unsere Sünden gesandt hat. Geliebte, wenn Gott uns so geliebt hat, sind auch wir verpflichtet, einander zu lieben. Niemand hat Gott jemals geschaut: wenn wir einander lieben, bleibt Gott in uns, und seine Liebe ist in uns vollendet.“

Johannes verstößt mit diesem Denken gegen eine Grundregel unseres Verständnisses von Liebe.

Können Sie sich noch an die Zeit erinnern, als Sie sich verliebten? Ja sicher. War dies bei Ihnen eine ganz furchtbare Zeit? Weil es so lange gedauert hat, bis die Paare sich fanden? Also – Anton liebt Berta, Berta aber Egon, Egon aber hat sich in Luise verliebt, die aber findet Anton so gut oder weiß nicht so recht, wen sie besser findet. Wie viele Tränen fließen in dieser Zeit, bis sich die Richtigen gefunden haben? Denn es ist für uns nicht möglich, dass jemand zwei auf einmal liebt oder dass eine Liebe nicht erwidert wird. Liebe, das spielt sich in unserem Denken immer zwischen zwei Partnern ab, zwischen Mann und Frau, Eltern und Kindern. Wenn nur die eine Seite liebt, die Liebe beim anderen Partner sich auf eine dritte Person richtet, dann gibt es Probleme.

Johannes aber redet nicht von einer gleichzeitigen Beziehung, sondern einer fließenden, in eine Richtung nur führenden. Die Liebe stammt aus Gott und kommt zu uns und will, dass wir einander lieben. Von Gott in unser Herz – in mein Herz – und von dort ergießt es sich in die Breite – wie ein Fluss, der ein weites Land fruchtbar macht. Die Liebe ist so stark, dass es unmöglich ist, sie im eigenen Herzen zu verschließen. Sie kann in meinem Herzen nur bleiben, wenn ich sie weiter verschenke an meine Brüder/Geschwister! So ist in diesen wenigen Worten von ganz viel Bewegung die Rede. Die Liebe Gottes kommt in uns an ihr Ziel – eben indem wir sie weitergeben.

Die Liebe ist unsichtbar. Gott ist unsichtbar. Wie kann ich eine Bewegung spüren, die unsichtbar ist? An anderer Stelle wird sie mit dem Wind verglichen und als Geist Gottes bezeichnet. Wind ist sichtbar, weil er etwas bewegt – meine Haare, die im Wind flattern, die Blätter an den Bäumen … Ich spüre ihn im Gesicht.

Die Liebe Gottes ist sichtbar, weil er seinen einzigen Sohn in die Welt gesandt hat als Sühneopfer für unsere Sünden, sagt Johannes. Auch hier führt die Bewegung wieder nur in eine Richtung – ganz entgegen der damaligen Frömmigkeit. Sühneopfer brachten Menschen den Göttern dar, um sie gnädig zu stimmen – zum einen, weil man dadurch ihren Beistand für eigene Ziele erkaufen wollte – oder, weil man dadurch für Verfehlungen eine Sühne geben wollte, um wieder rein und schuldenfrei dazustehen. Es war also eigentlich eine zweiseitige Beziehung zwischen Mensch und Gott, die vom Menschen ausging und wieder zum Menschen zurückführte – über Gott.

Johannes aber sieht nur eine Bewegung von Gott hin zu uns Menschen – in der Welt – also auf die Seite des „Out", der Finsternis, des Todes. Es ist eine Bewegung von oben nach unten, die wieder nach oben führt – aber reich geworden durch uns, die wir nun mit dabei sind, aus dem Bereich des „Out" herausgenommen und auf die Seite des Lebens gebracht wurden. Weil aber der Sohn in die Welt gekommen ist, ist die Liebe Gottes sichtbar geworden. Jesus hat auf dieser Erde gelebt und seine Spuren hat er hinterlassen in denen, die ihn kannten und von ihm weitererzählten. Sie haben auf ihn gehört und sind seiner Lehre nachgefolgt, indem sie für sich die Grundentscheidung ihres Lebens für die Liebe gefällt haben. Jesus ist für uns schon lange unsichtbar – wie jeder andere

Verstorbene. Er wird für uns sichtbar, indem wir einander lieben – aufgrund der Liebe Gottes, die in unserem Herzen ist.

Lange Zeit habe ich gedacht, dass die Feindesliebe die größte Form der Liebe ist, die am meisten von uns fordert. Aber je älter ich werde, stelle ich fest, dass es die Liebe zu den Geschwistern ist, denn wir nehmen instinktiv an, sie müssten doch auf unserer Seite sein, sie müssten uns doch verstehen und lieben. Wir hätten doch gemeinsame Wurzeln und so viel Zeit miteinander verlebt, da dürfte doch gar nichts zwischen uns stehen.

Inzwischen habe ich erfahren, dass Feindesliebe viel einfacher ist, als die zu lieben, mit denen ich Tag für Tag auskommen muss. Zu Feinden hat man in der Regel Abstand. Die kommen irgendwo her von außerhalb und gehen vielleicht auch bald wieder weiter. Aber wenn Menschen, die ich genau kenne und eigentlich auch liebe, mir als Feind begegnen, mich klein machen, demütigen, übel nachreden, mich anschwärzen, dann wird das Lieben richtig schwer. Verletzte Liebe schlägt leicht um in Hass, das wissen wir. Wenn ich aber den Hass in meinem Herzen zuließe, dann würde ich mich für die „Null" entscheiden – digital gedacht, für das „Out", den Tod.

Die Liebe, die von Gott kommt, will aus meinem Herzen hinaus strömen zu meinen Geschwistern im Glauben. Und wenn ich mit denen Probleme habe, dann tut das noch mehr weh als zu leiblichen Geschwistern, denn uns verbindet ja das Wissen um Gottes Liebe und Jesus.

Doch wir wissen alle: Mit der Liebe zu den Glaubensgeschwistern ist es oft nicht weit her in unseren Gemeinden und Kirchen. Das war schon bei den zwölf Jüngern so: „Wer ist der Größte, der Beste von uns?" Diese Frage beschäftigte sie. „Wer darf neben Jesus sitzen?" Diese albernen Probleme unter Freunden machen uns das Leben oft zur Hölle: Konkurrenzdenken – die Frage: Wer ist der Beste, wer kann etwas am besten? Johannes richtet dagegen seinen Blick ausschließlich auf Gott, dahin, woher unsere Kraft stammt. Und unsere Kraft ist die Liebe in unserem Herzen. Hand auf's Herz: Wie sieht es bei mir aus? *„Furcht ist nicht in der Liebe"*, schreibt Johannes etwas weiter unten. Wie sieht es in meinem Herzen aus? Ist es weit und offen? Oder ist es eng und klamm? Öffnen wir es nach oben, dass die Liebe Gottes in uns einströmen kann, und öffnen wir unsere Arme und Hände, dass die Liebe sichtbar wird darin, wie wir mit unseren Mitmenschen umgehen. So wird unsere Welt schon jetzt zum Paradies – zu einem Teil der Welt Gottes! Amen.

29. August 2010

Printed by Books on Demand GmbH, Norderstedt / Germany